행복지수 1위
덴마크의 비밀

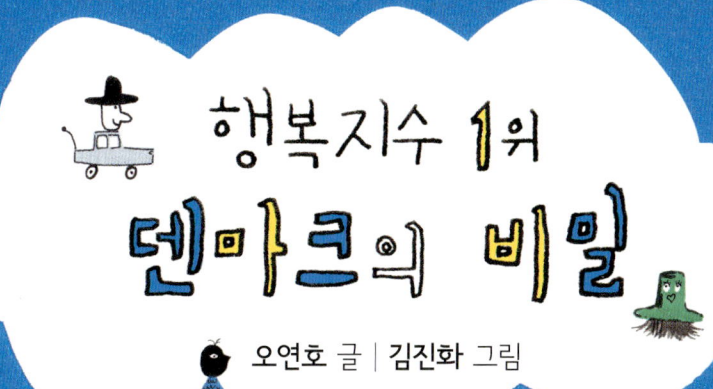

행복지수 1위
덴마크의 비밀

오연호 글 | 김진화 그림

사계절

차례

지금, 행복하세요? · 6

1. 대한민국은 행복합니까? · 8
2. 세상에서 가장 행복한 나라 덴마크 · 12
3. 웨이터 아저씨의 자부심 · 14
4. 날마다 즐거운 마을 주치의 · 22
5. 우리는 이웃을 믿고 의지해요 · 28
6. 덴마크는 건강한 자전거의 나라 · 38
7. 행복한 학교 행복한 인생, 공립학교 · 44
8. 즐겁게 자유롭게, 자유학교 · 58
9. 공립학교와 똑같은, 사립학교 · 68
10. '스스로'와 '더불어', 인생학교 · 74
11. 스스로 길을 찾는 고등학생 · 84
12. 좋아하는 일을 찾는 대학생 · 94
13. 깨어 있는 시민 · 100
14. 그럼요, 행복할 수 있어요! · 108

지금, 행복하세요?

안녕하세요? 오연호입니다. 여러분이 읽을 이야기에서 '나'로 등장하는 사람이지요. 저는 '모든 시민은 기자다'라는 모토로 창간한 오마이뉴스에서 시민기자 8만 명과 함께 일하는 기자입니다.

여러분도 알겠지만 우리나라는 짧은 시간에 경제적으로 큰 성장을 이룬 나라입니다. 불과 6, 70년 전까지만 해도 식민지에, 전쟁까지 겪으며 나라 전체가 큰 혼란에 휩싸였습니다. 하지만 짧은 시간에 이 모든 어려움을 극복하고 세계 경제 대국 15위 안에 드는 나라가 되었습니다. 세계 여러 나라에서 우리나라의 성장을 매우 놀라워하고 있습니다.

정신없이 달려온 경제 성장, 그리고 성공! 자, 이렇게 큰 성공을 이루었으니 이제, '우리 모두 행복해야 하지 않을까?' 하는 게 제 궁금증이었습니다.

그래서 둘레 사람들에게 물어보았지요. "지금, 행복하세요?"

이 책을 읽는 여러분에게도 묻고 싶습니다. "여러분, 지금 행복하세요?"

안타깝게도 '네, 저는 지금 무척 행복합니다!'라는 시원한 답을 듣지 못했습니다.

왜 그럴까요?

경제적으로 큰 성장을 이루는 동안 우리는 '경제'와 '돈'보다 더 중요한 것을 잊고 산 것이 아닐까요? 앞만 보고 달리느라 이웃과 친구들을 돌보지 못한 것은 아닐까요? 경쟁에서 살아남는 데 급급해 내가 무엇을 좋아하고, 어떤 인생을 살 것인지 진지하게 고민할 시간이 없었던 것은 아닐까요?

누구나 행복하게 살고 싶어 합니다. '내가 좋아하는 일'을 알고, 이를 좋은 환경에서 신뢰하는 이웃과 함께 자유롭게 해 나간다면 정말 행복하겠지요. 그런데 어찌된 일인지 많은 사람들이 '무엇을 좋아하나요?', '무슨 일을 하고 싶나요?'라는 질문 앞에 말문이 턱 막혀 버립니다.

어디서부터 무엇이 잘못된 걸까요? 저는 그 답을 찾고 싶었습니다.

그래서 행복지수 1위인 덴마크로 떠났습니다. 덴마크 사람들이 왜 행복한지 그 까닭을 알아보기 위해서였지요. 제가 본 덴마크 사회는 모두 평등하고, 서로를 믿고 의지했으며, 자유와 환경을 사랑했습니다. 그리고 무엇보다 '깨어 있는 시민'으로 가르치는 자유롭고 즐거운 학교 교육이 인상적이었지요.

제가 덴마크에서 보고 배우고 느낀 것을 널리 알리고 싶습니다. 여러분도 듣고 알고 느껴야 진짜 행복한 사회를 함께 만들어 갈 수 있을 테니까요.

덴마크 또한 처음부터 행복했던 나라는 아니었어요. '이제부터 행복하라!'고 누가 행복을 거저 준 것도 아니고요. 150여 년간 사람들이 함께 만들어 나간 것입니다.

이 책을 읽고 나면 여러분 마음속에서 무언가 꿈틀거릴 것입니다. 새싹처럼 움트는 마음속 움직임이 하나하나 모여 우리 함께 행복한 사회를 만들어 나갈 수 있으리라 믿습니다.

그럼, 덴마크가 왜 행복한지 알아볼까요?

1. 대한민국은 행복합니까?

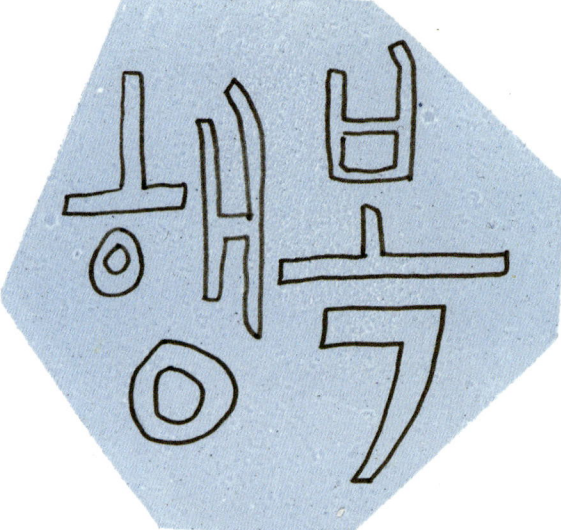

덴마크는 유엔(UN)의 행복지수 조사에서 2012년, 2013년 연이어 세계 1위를 했어요. 그에 견주어 우리나라는 2012년 41위, 2013년 56위였지요.

　나는 궁금했어요. 우리나라는 세계에서 유래를 찾기 힘들 만큼 짧은 시간에 큰 경제 성장을 이루어 많은 나라의 부러움을 받고 있어요. 그런데 왜 행복지수

는 낮은 걸까요?

도대체 덴마크 사람들은 어떻게 행복한 사회를 이뤄 낼 수 있었을까요?

나는 2013년 4월부터 2014년 1월까지 세 차례에 걸쳐 덴마크를 찾았어요. 그때 만난 사람이 300명쯤 돼요. 덴마크의 수도 코펜하겐에서, 지금은 독일 땅이 되어 버린 다네비르케까지 1500킬로미터를 차로 달렸지요.

인터뷰를 할 때마다 물었어요.

"당신은 행복합니까?"

덴마크 사람들은 잠시도 머뭇거리지 않았어요.

"네. 행복합니다. 행복하고말고요!"

나는 내 자신에게 물었어요.

'과연 우리나라 사람들은 '당신은 지금 행복합니까?' 하고 물으면 뭐라고 대답할까?'

아마 거의 다 그렇지 않다고 대답할 거예요.

그런데도 우리나라는 경제력이 세계 15위쯤 돼요. 영국의 절반쯤 되는 작은 나라가 세계에서 열다섯 번째로 장사를 잘하는 셈이지요. 스마트폰도 잘 만들고, 인터넷 환경도 가장 앞서 있고, 자동차와 배도 잘 만들어 세계로 수출하는 수출 강국이에요. 그런데 우리는 이렇게 무얼 잘 만들고, 세계 시장에 나가 잘 파는 동안 놓친 게 한두 가지가 아니에요. 이제는 경제 말고 다른 것에 눈을 돌려야 할 때예요.

나는 덴마크 사람들을 만나면서 우리 사회가 가야 할 길을 알 수 있었어요.

한 하늘 아래 고픈 배를 움켜쥐고 잠을 이루는 사람이 없는 나라, 회사에서 해고가 되어도 국가가 책임지는 나라, 병원비 걱정이 없는 나라, 불평등이 없는 나라, 직업의 귀천이 없는 나라, 국민은 정부를 믿고 정부는 국민을 믿는 나라, 정치인을 신뢰하는 국민, 노동자와 고용주가 서로 믿고 의지하는 나라, 대학 등록금이 공짜인 나라, 대학생에게 달마다 120만 원씩 생활비를 주는 나라, 점수 매기는 시험이 없는 초등학교, 바로 이런 나라가 덴마크예요.

물론 덴마크의 행복 사회는 저절로 이루어지지 않았어요. 그들에게도 한때 온 국민이 무기력과 절망과 불신에 빠져 있었던 시절이 있어요. 1864년 독일과 영토 분쟁 전쟁에서 져 국토의 3분의 1을, 인구의 5분의 2를 잃었을 때 그들은 절망했어요. 하지만 포기하지 않았지요. 잃은 만큼 거친 땅을 갈아 기름진 땅으로 가꾸었어요. 인구는 줄었지만 남아 있는 사람들이 정신을 차렸어요. 그로부터 150년이 지난 지금, 그들은 세계에서 가장 행복한 나라가 되었지요.

그 시작은 '깨어 있는 시민'이었어요. 한마디로 정신을 바짝 차린 거지요. 나라 곳곳에 참교육 인생학교를 열었어요. 앞으로 어떤 인생을 살아야 할

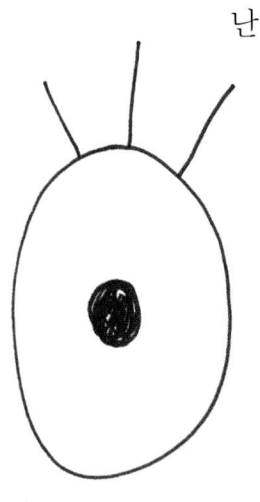

지, 어떻게 하면 너도 잘살고 나도 잘살 수 있는 사회가 될 수 있는지, 어떻게 하면 우리 모두가 행복한 사회가 될 수 있는지 고민하고 하나하나 기틀을 마련했어요.

나는 덴마크 사람들을 만나면서 이런 생각이 들었어요.

'어떻게 하면 우리 대한민국도 행복한 사회가 될 수 있을까?'

그 해답은 멀리 있지 않았어요. 덴마크에 있지도 않았어요. 바로 우리 사회에 있었어요. 아주 작고 보잘것없는 것부터 시작하면 되는 일이었어요. 그것은 거창하지도 폼 나지도 않는 일이었어요. 이 책을 읽으면서 우리 친구들도 그런 일이 어떤 일인지 한번 찾아봤으면 해요.

"여러분은 행복합니까?"

나는 앞으로 우리 친구들에게 이렇게 묻지 않을 거예요.

"행복하려면 지금 당장 무엇부터 해야 하지요?"

저는 앞으로 이렇게 물을 거예요.

2. 세상에서 가장 행복한 나라 덴마크

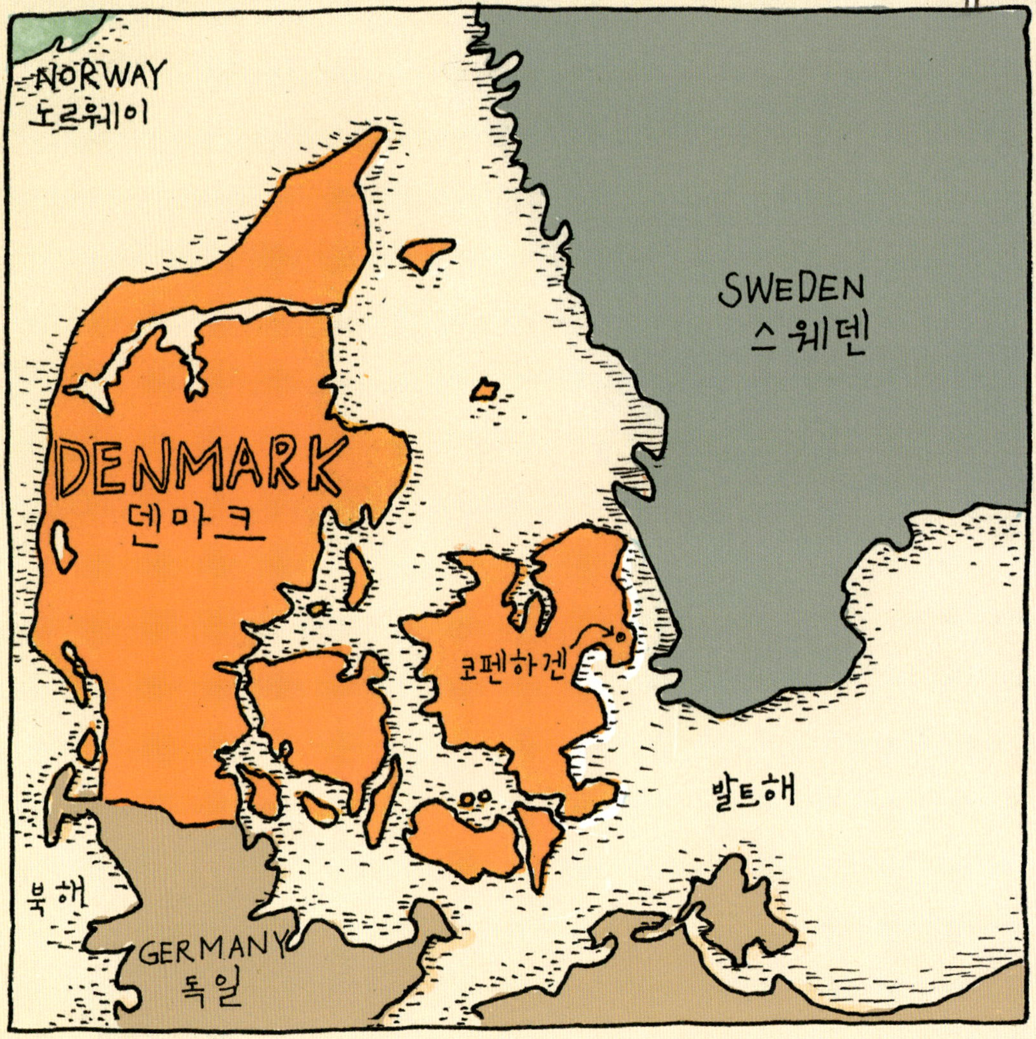

덴마크는 북유럽에 있는 작은 나라예요. 우리나라처럼 3면이 바다이고, 왼쪽에는 북해가, 오른쪽에는 발트해가 있지요. 북쪽으로는 노르웨이·스웨덴·핀란드가 있고, 남쪽으로는 독일과 국경을 맞대고 있고요.

인구는 약 560만이며, 국토는 대한민국의 절반쯤 돼요. 덴마크 사람들은 사계절이 있다고는 하지만 실제로는 선선한 여름과 춥고 우중충한 겨울, 이렇게 두 계절뿐이에요. 더구나 이곳 날씨는 괴팍하기로 유명해요. 하루에 열 번도 넘게 날씨가 바뀌거든요. 비가 왔다가도 언제 비가 왔냐는 듯 해가 비치지요. 그래서 이곳 사람들은 비가 와도 개의치 않아요. 우박만 아니라면 비를 맞으면서도 아무렇지 않게 운동을 하고 제 할 일을 할 뿐이죠. 우산도 별 쓸모가 없어요. 바람이 엄청 세게 불거든요. 겨울에는 진눈깨비가 자주 내려 아주 춥고 스산하고요.

천연자원도 특별히 많지 않아요. 가장 높은 산 몰레회 산은 그 높이가 170미터밖에 안 돼요. 우리나라 마을 뒷산 높이쯤 되죠. 그래서 멋있는 경치도, 특별히 이름난 관광지도 없어요. 땅도 좁고, 날씨도 괴팍하고, 경치도 별 볼 일 없는데…… 놀랍게도 행복 지수는 세계 1위죠.

3. 웨이터 아저씨의 자부심

나이: 55세
직업: 웨이터/요리사
경력: 40년

클라우스 페테르센
Klaus Petersen

덴마크 수도 코펜하겐에 도착하자 배가 고팠어요. 좀 긴장을 했는지 배고픈 것도 잊고 있었던 거지요. 마침 한 식당이 길 건너에 보였어요. 식당을 보니 배가 더 고팠어요.

밖에서 봤을 때는 그렇게 커 보이지 않았어요. 그런데 웬걸, 들어와 보니 아주 넓어요. 자리를 잡고 이리저리 둘러보는데, 한 종업원이 눈에 확 들어오는 거예요! 그는 여러 종업원 가운데서도 나이가 꽤 들어 보였어요. 단정하게 머리를 잘랐는데, 이마 위 머리는 훤했어요. 하얀 셔츠에 검은 바지를 입었고요. 아, 안경도 썼고요. 그의 몸놀림은 아주 가벼웠어요. 몸짓 하나하나에 힘이 실려 있고 절도가 있었어요.

'저 사람은 자기 직업에 만족하고 있을까?'

그와 내 눈이 딱 마주쳤어요. 빙긋 웃더니 내 쪽으로 척척척 걸어왔어요.

"주문 도와드릴까요?"

음식을 주문하면서도 그의 눈빛이며 얼굴빛을 살폈어요. 낯빛은 담담했지만 왠지 모르게 자꾸 끌렸어요. 얼굴에서는 겸손함과 당당함이 묻어났고요. 그는 자기 일을 즐기고 있는 것이 분명해요. 몇 번 음식을 더 가져왔어요. 가까이에서 보니 팔뚝이 남달랐어요. 보통 사람과 달리 아주 굵었거든요. 하지만 팔뚝 어디에도 군살 같은 것은 없었어요.

'아, 이 일을 정말 오래 하신 분이구나!'

하는 생각이 들었어요.

계산을 하고 그에게 다가갔어요. 그는 여전히 바빴죠. 일을 즐겁게 하는 모습이 참 좋아 보인다고 하면서 슬쩍 말을 걸었어요. 사람들이 막 몰리는 시간이라 간단한 것부터 물었지요.

"나이가 어떻게 되세요?"

"올해 쉰여섯입니다. 두 발로 걸어 다닐 수 있는 한 웨이터를 하고 싶어요."

그의 이름은 클라우스 페테르센(Klaus Petersen).

사진 한 장 같이 찍자고 했어요. 숙소로 돌아와 그날 찍은 사진을 정리하면서 그의 눈을 한참 바라보았어요. 아쉬웠어요.

'따로 인터뷰 날을 잡을걸!'

그로부터 두 달 뒤 두 번째로 덴마크에 갔을 때 다시 그 레스토랑을 찾았어요. 그는 여전히 바쁘게 움직였고, 오래전에 온 손님을 단박에 알아봤어요.

"저번에 한국에서 온, 그 기자 맞죠?"

내가 정식으로 인터뷰를 하자고 하자 흔쾌히 그러자 했어요.

"여기 종업원이 모두 서른 명쯤 되는데, 내가 가장 나이가 많아요. 아직 덜 바쁜 시간이니 30분쯤 시간 내는 건 문제없습니다. 고참의 특권이죠. 하하하."

사실 인터뷰라기보다는 그에게 행복론 특강을 듣는 시간이었지요.

즐기는 사람의 여유

"열일곱 살 때부터 지금까지 40년 동안 요리사와 웨이터로 일했어요. 대학은 꼭 갈 필요가 없다고 생각했고요. 그래서 좋아하는 요리사와 웨이터 일을 하려고 고등학교를 졸업한 뒤 곧장 식당에 취직했죠. 거기서 공부와 일을 함께했어요. 즐기면서 일하니 행복합니다."

일과 공부를 같이 하는 것.

덴마크는 회사에 다니는 동안 1년에 10주씩 직업학교에 다닐 수 있도록 보장해요. 수업비는 회사와 정부에서 대고요.

페테르센은 직장 생활을 시작한 뒤 7년 동안 직업학교에서 교육을 받았어요. 그러면서 그는 자신의 일을 더 좋아하게 됐다고 해요. 덴마크에서는 원하는 직장에 취직해 일을 하면서 관련 공부를 계속할 수 있어요. 이 과정에서 의미 있고 가치 있게 일하는 법을 배우고, 점점 더 자기 일을 즐기게 되죠. 경력이 쌓이는 만큼 발전하는 자신의 모습을 보면서 즐거움과 성취감 또한 높아지고요.

인터뷰 중간에 페테르센이 아들 자랑

을 늘어놓았어요.

"올해 스물두 살인데 열쇠 수리공이에요."

열쇠 수리공?

나는 좀 놀랐어요. 평생 식당 종업원으로 일해 온 아버지가 아들 자랑을 하기에 나는 내심 다른 모습을 떠올렸거든요.

페테르센은 되레 물었어요.

"나는 한 번도 우리 아들이 판검사나 의사나 교수가 되길 바라지 않았어요. 열쇠 수리공이 우리 사회에서 얼마나 필요하고 의미 있는 직업입니까?"

우리하고는 달라도 너무나 달랐어요! 우리 사회는 보통 돈을 얼마나 많이 버는가, 몸이 힘든가 안 힘든가로 좋은 직업과 안 좋은 직업을 나누잖아요.

페테르센은 고등학교 동창회에서도 당당해요. 자신은 식당 종업원이고 아들은 열쇠 수리공이라는 것을 떳떳이 말하죠.

오늘에 만족하는 삶

페테르센은 직장에 다니면서 부당한 대우를 받을까 봐 걱정해 본 적이 한 번도 없어요. 그는 혼자가 아니기 때문이죠.

"전국 식당 종업원이 가입할 수 있는 노동조합 '3F'가 있어요. 전체 노조원이 32만 명에 이르죠. 우리 식당 동료들도 모두 여기에 가입

해 있고, 나도 고등학교 졸업하고 처음 이 직업을 선택했을 때부터 노조원이에요. 40년 동안 노조비로 달마다 1400크로네(약 26만 원)씩 내 왔죠. 지금까지 일하면서 직장에서 차별은 없었지만, 만약 차별이나 부당한 대우가 있으면 노조에 알리고 중앙 노조가 사장과 대화로 문제를 해결합니다."

그는 40년 일하면서 단 한 번도 부당 대우를 받은 적이 없어요. 거리에서 머리띠를 두르고 싸워 본 적도 없고요. 그런데도 달마다 1400크로네씩 노조비를 꼬박꼬박 내요.

"함께하고 있다는 것을 느껴서 좋고, 안정감이 들어서 좋습니다. 행여 실직하게 되면 노조와 정부가 힘을 합쳐 1년 6개월 동안 달마다 1만 9000크로네(약 350만 원)를 주거든요. 물론 노조원이 아니어도 정부의 실업보조금을 2년 동안 받을 수 있습니다. 그러나 그것만으로는 충분하지 않아요. 보험을 붓는다 생각하고 노조비를 내는 거죠. 그래서 저는 실직에 대한 걱정이 없습니다."

덴마크의 노조 가입률은 70퍼센트 남짓 돼요. 유럽 평균 23퍼센트보다 훨씬 높지요. 우리나라는 12퍼센트쯤 되고요. 페테르센 이야기를 들으면서, 나는 왜 그가 즐겁고 당당하게 식당 종업원 일을 할 수 있는지 알 수 있었어요. 바로 자존감과 연대의식이 있기 때문이었어요. 자신이 하는 일이 자랑스럽고, 또 자신과 같은 식당 종업원의 인권과 권리를 챙겨 주는 노동조합이 곁에 당당히 있었던 거지요.

페테르센은 동료들과는 물론 사장과도 합심해 열심히 일해요. 바로 서로서로를 믿기 때문이에요.

"식당에서 하루 번 돈 가운데 15퍼센트는 직원 월급으로 정해져 있어요. 그 15퍼센트를 가지고 모든 직원이 똑같이 나누는 거죠. 그래서 전체 매출을 늘리기 위해 서로 도와 가며 일합니다."

페테르센 같은 베테랑이든 갓 들어온 신입이든 월급은 똑같아요. 나는 깜짝 놀랐어요. 이 점 또한 우리와 달라도 너무 달랐어요. 그런데 더 놀라운 것은, 그는 이것에 대해 하나도 불만이 없다는 거예요!

"고참의 특권이요? 사장이나 동료들의 허락을 구하지 않고도 이렇게 근무 시간에 인터뷰를 하는 정도랄까요? 하하하."

페테르센은 코펜하겐 시내에 아파트가 있고, 도시 가까이에 여름 별장이 있어요. 주말이나 휴가를 그곳에서 즐기며 채소와 과일 나무도 가꾸죠. 그는 자신을 당당하게 '중산층'이라 했어요. 더구나 그는

더 좋은 직업을 얻기 위해, 혹은 돈을 더 벌기 위해 욕심을 부리지 않아요. 아들이 더 좋은 직업을 갖기를 바라지도 않고요.

"우리 아버지 세대만 하더라도 직업의 귀천이 있었어요. 빈부격차도 있었고요. 그런데 언제부턴가 그런 것이 사라지고 덴마크 전체가 평등한 사회가 되었습니다. 행복하냐고요? 물론이죠. 특별히 걱정이 없고, 오늘에 만족하니까요."

페테르센의 말처럼 덴마크도 처음부터 행복 사회는 아니었어요. 정치인과 노동자와 고용자가 머리를 맞대고 복지 시스템을 하나하나 갖추어 나갔지요. 제도가 뿌리를 내리자 저절로 서로 믿음이 생겼어요. 국민들은 정치인을 믿었고, 노동자와 고용자가 서로 믿고 의지하는 관계가 자리 잡았죠. 한마디로 평등과 신뢰의 문화가 싹튼 거예요. 덴마크인의 세계관이 바뀌기 시작한 거죠.

대학 등록금과 병원비가 무료인 사회, 노조가 있어 외롭지 않고 실업 보조금이 충분히 보장되는 사회. 이렇게 큰 걱정거리가 없는 사회이기 때문에 누구나 인간의 품격을 누릴 수 있고 직업의 귀천을 따지지 않는 거지요. 평등 사회가 된 거예요!

페테르센의 눈빛은 내게 이렇게 말하고 있었어요.

'세상에 공짜는 없다! 행복하고 싶습니까? 그러면 당신 나라를, 기본이 바로 서 있는 사회로 만들어야 합니다.'

"**이 카드가** 주민등록증 같은 건데요, 맨 위에 내 주치의가 어느 병원에 있는지 적혀 있어요. 주소와 전화번호도 함께 말이죠."

오대환 목사는 지갑에서 주치의 병원이 적힌 주민증을 꺼내 보여 줬어요. 그는 덴마크에서 20년째 살고 있고, 덴마크 영주민이에요. 어제도 아내가 아파서 주치의를 보고 왔다고 했어요. 덴마크에서는 주민은 물론 교환 학생으로 온 외국인까지 주치의가 정해져 있죠.

덴마크가 행복지수 세계 1위를 달리고 있는 까닭 중 하나는 생활이 안정되어 있기 때문이에요. 살아가는 데 큰 걱정거리가 없는 것이죠. 이런 삶은 마음에 여유와 안정을 가져다줘요. 평생 병원비가 무료이고, 건강을 책임지는 주치의가 마을 친구처럼 늘 가까이 있지요. 이러니 행복지수가 높아지지 않겠어요!

주치의 제도가 어떻게 운영되고 있는지 궁금했어요. 코펜하겐의 한 마을 병원을 찾아갔어요. 의사 카르스텐 묄레르 크리스텐센(Karsten Møller Christensen)은 간호사 둘과 20평쯤 되는 마을 병원을 운영하고 있어요. 그는 흰 유니폼 대신 니트에 청바지 차림이었어요. 길거리에서 보면 평범한 동네 아저씨로 여겨질 만큼 수수했지요. 더구나 인테리어도 우리나라 병원처럼 으리으리하지 않고 아주 소박했어요. 다만 세월의 깊이가 묻어날 뿐이었죠.

"사진까지 찍는 줄 알았으면 머리를 좀 빗고 나올 걸 그랬어요."

그는 이렇게 너스레를 떨면서 짧은 머리를 손으로 빗었어요.

동네 친구 같은 의사

크리스텐센은 25년 동안 한 마을에서 환자를 돌보고 있어요. 덴마크 주치의는 보통 한 마을에 자리를 잡으면 은퇴할 때까지 그곳에서 일해요.

"나는 이 마을 주민 1600명의 주치의입니다. 하루에 평균 30명이 찾아옵니다. 자주 오는 환자는 일주일에 한 번씩 와요. 환자마다 진료 시간은 10분쯤 됩니다."

덴마크에서 주치의는 의사 노릇만 하지 않아요. 그야말로 오랫동안 사귄 마을 친구나 다름없지요.

"25년이나 일하다 보니 3대가 함께 찾아오는 경우도 많아요. 자연히 그 가족의 건강 내력뿐만 아니라 가정 환경도 잘 알고 있죠. 사실 몸이 아파 진료 받으러 오는 것보다 개인 고민을 상담하러 오는 때가 더 많습니다. 심리 치료를 받고 싶은 거죠. 성가시지 않느냐고요? 고민 상담은 당연한 일이에요. 그걸 받아주는 것 또한 주치의로서 내가 해야 할 일입니다, 하하."

옆 마을로 이사를 가면 주치의도 바뀌는지 궁금했어요.

"집안 사정까지 터놓고 말할 수 있는 주치의라면 이사를 가더라도 주치의를 바꾸고 싶지 않을 것 같은데요?"

"맞습니다. 그래서 그전 마을 주치의를 계속 만날지, 아니면 이사 간 마을 주치의로 새로 선택할지는 주민 스스로 결정합니다."

덴마크 마을 주치의는 온갖 치료를 해야 해요. 우리나라의 내과 전문의, 외과 전문의처럼 자기 전공 분야만 다루지 않아요. 아주 두루두루 알아야 하죠. 굳이 견주자면 우리나라의 가정의학과와 비슷해요.

덴마크 사람들은 마을 병원에서 1차 치료를 받고, 더 정밀한 검사와 치료가 필요할 때는 국공립 병원을 찾아요. 이때 병원비는 사립 병원에 가지 않는 한 모두 정부에서 부담하고요.

주치의 제도는 정부에서 마련한 의료 복지 제도예요. 그렇다면 덴마크 주치의는 공무원일까요? 그도 아니에요. 의사는 우리나라처럼 개인 사업자이기는 하지만, 우리와 달리 지방 자치단체와 특별 계약을 맺고 있어요. 자기 병원 둘레 주민들의 주치의를 맡아야 한다는

계약이죠.

"주치의에게는 최소 환자와 최대 환자가 정해져 있습니다. 적어도 주민 1600명을 책임져야 합니다. 최소한의 의무죠. 하지만 최대 2300명을 넘어서면 안 됩니다. 너무 많으면 환자에 대한 서비스 질이 떨어지거든요."

마을 병원 의사들의 월급은 누가 주는지 궁금했어요.

"그럼 지방 자치단체에서 월급을 주는가요?"

"아니요. 그렇지 않아요. 월급을 주는 것이 아니라 주민들의 치료비를 지방 정부에서 책임지는 거죠. 지방 정부는 주민 주치의에게 전체 수입의 80퍼센트를 보장해 줘요. 나머지 20퍼센트는 취업할 때 내는 건강진단서 같은 서류를 떼 주고 받는 간접 진료비에서 나오고요."

결국 덴마크에서 의사는 자유로운 신분이지만 업무의 80퍼센트는 공무원이고, 20퍼센트는 개인사업자라 할 수 있어요. 더구나 덴마크에서 의사는 돈을 많이 버는 직업이 아니에요.

"일반 회사의 부장급 월급이라고 보면 될 겁니다. 보통 노동자의 평균 월급보다 조금 많은 수준이죠. 덴마크에서 부자가 되기 위해 의사를 하는 사람은 없어요. 의대생들도 처음부터 이 사실을 잘 알고 있습니다. 돈을 좀 번다 해도 세금이 50퍼센트쯤 되니까 굉장히 높아요. 무엇보다도 중요한 것은 이 일이 즐겁냐, 아니면 스트레스냐, 하는 점이죠. 내 적성에 맞으니까, 환자를 도와주는 것이 즐거우니까,

이 일을 하는 겁니다."

　인터뷰를 마치면서, 덴마크 의료 시스템이 덴마크인의 행복에 어느 만큼 영향을 주고 있는지 물었어요.

　"덴마크 사람들이 세계에서 가장 행복하다고 생각하는 까닭은 신뢰가 높은 사회이기 때문입니다. 주민들끼리의 신뢰도 높지만 정부에 대한 믿음이 아주 높습니다. 정부가 오랫동안 갈고 닦아 온 의료복지 시스템이 삶의 질을 높이고 행복감을 주고 있습니다. 의사도 가장 신뢰받는 직업 중 하나입니다."

　그에게 행복하냐고 물었어요. 그는 환하게 웃으며 답했어요.

　"모든 것에 만족합니다. 다른 나라에선 살고 싶지 않아요. 한 가지 흠이 있다면 덴마크 날씨가 좀 별로라는 거죠, 하하하."

5. 우리는 이웃을 믿고 의지해요

롤프 옌센
Rolf Jensen

쓴 책: 미래예측보고서 《드림 소사이어티》
평등 사회

덴마크 미래학자 롤프 옌센(Rolf Jensen)은 한때 국방부 공무원이었어요. 그는 1973년, 앨빈 토플러가 쓴 《미래 쇼크》를 읽고 미래학에 관심이 생겼어요. 1983년 공무원 생활을 그만두고 미래 사회를 연구하는 코펜하겐 미래학연구소에 들어갔지요.

그가 쓴 미래 예측 보고서 《드림 소사이어티》(1999)는 세계 10여 개 언어로 번역되었어요.

나는 궁금했어요.

'이 덴마크 미래학자도 덴마크가 세계에서 가장 행복한 나라라고 생각할까?'

그와 저녁을 먹으며, 당신이 보기에도 덴마크가 정말 행복한 사회입니까, 하고 물었어요.

"물론이죠. 세계 여러 조사에서도 비슷한 결과가 나왔습니다. 덴마크 사람들에게 왜 행복하냐고 물으면, 대답은 서로 다르겠지만, 내 생각에는 평등하기 때문입니다. 덴마크는 한마디로 평등 사회예요. 내가 서울에 강의를 하러 가면, 고급 호텔을 잡아 주고, 비싼 음식을 사 주고, 아주 특별하게 대접합니다. 덴마크에서는 상상할 수 없는 일이죠."

남녀평등에서도 덴마크는 세계 최고 수준이에요. 여성 취업률이 남성과 거의 같지요. 그래서 어느 직장에서건 남녀 비율의 차이가 없어요. 우리나라처럼 '가정주부'라는 말도 없고요.

한 초등학교 앞을 지날 때였어요. 총총총 걸어가는 아이들 모습이 참 좋았어요. 덴마크도 우리처럼 부모들이 1학년 아이들을 한동안 학교에 데려다 주는 것은 같아요.

그런데 우리와 사뭇 달랐어요!

우리는 거의 다 어머니가 데려다 주는데 덴마크는 아버지도 꽤 많았어요. 아니 절반은 되는 것 같아요. 그 자리에서 30명쯤 살펴봤는데, 대충 봐도 어머니와 아버지가 반반씩이었어요.

'역시 덴마크는 다르구나!'

하는 생각이 들었죠.

피를 흘리지 않은 역사

로스킬레 대학 벤트 그레베(Bent Greve) 교수도 덴마크 사회가 행복한 이유로 신뢰와 평등을 꼽았어요. 그는 덴마크 언론노조에서 사무장으로 일하다가 1996년부터 이 대학에서 경제학과 사회복지학을 가르치고 있지요. 그는 '행복학'에 아주 관심이 많아요.

"행복은, 좋아하는 일, 바로 여기서 시작됩니다. 그리고 그것은 좋은 관계에서 옵니다. 나는 좋은 관계 속에서 좋아하는 일을 하고 있으니 행복합니다. 미국인들은 아마, 우리가 세금을 월급에서 50퍼센트나 내면서 왜 행복하다고 하는지 도무지 이해할 수 없을 겁니다. 하지만 그렇게 세금을 내고 있기 때문에 직장을 잃어도 별 걱정을 안 합니다. 빈부격차가 크지 않고 평등하죠. 늦은 밤에 코펜하겐 시내를 걸어 다녀도 무섭지 않습니다. 무엇보다 친구와 이웃이 있어요. 자기에게 어떤 문제가 생기면 언제든지 친구에게 달려가 도와달라고 부탁할 수 있습니다. 덴마크 시민들은 정부를 믿고, 이웃과도 사이가 돈독합니다."

그레베 교수는 덴마크인들이 행복한 까닭을 '높은 신뢰'에서 찾았어요. 그는 옛이야기 하나를 들려줬어요.

"600~700년 전 일이에요. 덴마크 왕이 말을 타고 가다가 그만 아끼던 시계를 잃어버렸어요. 며칠 지나 그 자리에 가 봤더니 글쎄 시계가 그대로 있는 거예요! 아무도 가져가지 않았던 거죠. 이게 진짜 있었던 일인지는 아무도 몰라요. 하지만 우리가 서로 믿고 있다는 것을 여실히 보여 주는 이야기입니다. 덴마크는 작은 나라예요. 한 다리만 건너도 알고 보면 다들 친척이죠. 그러니 문제가 발생하면 서로 대화로 해결합니다."

덴마크는 대한민국 면적의 절반쯤 되고, 인구는 560만쯤 돼요. 우리나라 경기도 인구의 절반쯤 되죠. 세계 252나라 가운데 면적 순으로 134번째(우리나라는 99번째)인, 작은 나라이고요.

'이렇게 작은 나라이기 때문에 서로 믿고 의지하는 나라가 되었을까?'

하지만 꼭 이것만은 아닐 거예요. 나라 면적으로 치면 덴마크보다 작은 나라가 꽤 있거든요.

"그렇다면, 덴마크에서 믿음의 역사는 어떻게 시작되었나요?"

"옛날부터 덴마크는 서로 생각이 다른 사람들이 한자리에 둘러앉아 대화로 중간 지점을 찾아 합의했어요. 오늘날 덴마크가 복지국가가 된 것은 바로 그런 타협 정신이 오랜 세월 무너지지 않고 전해 내려왔기 때문입니다. 그 가운데서도 1899년 9월에 있었던 노동자와 고용자 간의 대타협이 가장 중요한 계기가 되었죠."

19세기 후반 덴마크 노동자들은 아주 힘들었어요. 맥주 회사 칼스버그 노동자들은 하루에 14시간 일했거든요. 하지만 월급은 턱없이 적었어요. 더구나 경제가 안 좋아지면서 고용자들은 노동자부터 해

고했어요. 1885년 겨울, 코펜하겐 노동자 3분의 1이 회사에서 잘려 일자리를 잃었지요.

노동자들은 1899년 5월 1일, '노동자의 날'을 기리며 파업을 시작했어요. 그러자 고용자들은 직장 문을 아주 닫아 버렸어요. 이것을 어려운 말로 '직장 폐쇄'라 해요. 4개월 넘게 노동자와 고용자 간의 줄다리기 싸움은 끝이 안 보였어요.

그해 9월, 노동자와 고용자가 한자리에 모였어요. 이대로 갔다가는 노동자도 고용자도 답이 안 보였기 때문이죠. 이때 양쪽 대표는 서로 주장을 말하고, 조금씩 양보를 했어요. 그리고 드디어 합의를 했어요. 노동자는 노동조합을 꾸리고 파업할 수 있는 권리를 얻고, 고용자는 노동자를 해고할 수 있는 자유를 얻었어요.

덴마크 사람들은 이 합의를 '1899년 9월 노동자와 고용자의 대타협'이라 해요. 이 9월 대타협은 115년이 지난 지금까지도 그대로 지켜지고 있고요.

115년 전 대타협 정신이 지금까지도 지켜지고 있는 것은 노동자와 고용자가 서로 믿고 의지하기 때문이에요. 노동자와 고용자의 관계가, 월급 주고 월급 받는 관계가 아니라 서로 믿고 의지하는 관계가 된 거지요. 노동자와 고용자의 이런 신뢰 관계는 세계 어느 나라에서도 찾아보기 힘들죠.

50퍼센트 세금이 아깝지 않은 신뢰

덴마크인들이 타협을 잘하고 서로 믿고 의지하는 마음가짐은 어디에서부터 시작되었을까요?

사람들은 흔히 덴마크의 자연환경에서 찾아요. 춥고 거친 덴마크 땅에서 농사꾼들이 살아가려면 서로 힘을 모아야 한다는 거지요. 하지만 그레베 교수는 이런 주장에 동의하지 않아요.

"그렇다면 덴마크처럼 날씨가 춥고 척박한 자연환경에 처한 나라는 서로 신뢰가 튼튼해야 하는데, 세계에서 덴마크 말고는 이런 사회를 보기 힘듭니다. 그런 사정도 있기는 하겠지만, 그것보다는 토론과 논쟁을 통해 사람들이 스스로 터득해 나간 거라고 보고 싶습니다. 자기 주장을 충분히 말하고 난 다

음, 합의점을 찾고 갈등을 해결하는 것이 다른 어떤 선택보다 비용이 적게 든다는 것을 깨우친 거죠. 덴마크 경영자들은 '노동자를 믿으면 돈을 아낄 수 있다, 관리비도 적게 들고 소송비도 적게 든다'는 말을 자주 합니다."

문화나 정신이라 할 수 있는 '신뢰'가 돈이 된다는 것을 덴마크 사람들은 알고 있었다는 거지요.

덴마크에서는 돈벌이가 적은 저소득층 택시 기사나 식당 종업원도 월급에서 36퍼센트를 세금으로 내요. 의사, 변호사, 기업가 같은 고소득자는 50퍼센트쯤 내고요. 국민 1인당 내는 세금이 세계 경제협력개발기구(OECD) 34개 나라 중에서 가장 많지요.

덴마크 국세청 대변인은 높은 세금을 내는 것이 덴마크의 문화가 되었다고 했어요. 정부를 믿고 세금을 내면 이 돈이 사회복지에 쓰이고, 그 혜택을 자신도 누릴 수 있는 사회가 되었다는 거지요.

월급에서 절반을 뚝 떼어 세금으로 내면서도 행복하다고 하는 덴마크 사람들. 나는 이 사람들의 마음을 도무지 알 수 없었어요. 우리나라 사람들은 세금을 한 푼이라도 덜 내려고 갖은 방법을 다 쓰잖아요. 그래서 세금을 덜 내려고 불법을 저지른 사람들을 뉴스에서 자주 볼 수 있고요.

덴마크에서도 돈을 꽤 많이 버는 사람 열 명에게 물었어요.

"열심히 일해서 벌었는데 50퍼센트를 세금으로 내면 억울하지 않습니까?"

억울하다고 한 사람은 단 한 사람도 없었어요. 다만 한 사람, 그 사람은 "높은 세금에는 불만이 없어요. 하지만 어디에 어떻게 쓰는가에 대해서는 불만이 있다"고 했어요. 자신이 낸 세금이 정작 쓰일 곳에 안 쓰인다고 말하는 거지요.

그들은 한결같이 나를 이상한 사람으로 바라봤어요.

"우리는 대학까지 무료로 공부했고, 병원 치료도 무료로 받는데, 우리 후배와 후손들도 그래야 하지 않겠어요? 세금을 많이 내는 것은 당연합니다."

많은 세금을 내면서도 행복한 사람들.

제약회사 로슈 덴마크 노동자도, 고등학교 교장도 자신이 낸 세금이 형편이 어려운 사람들에게 도움이 된다는 것을 알기에 행복하다고 했어요.

변호사 에리크 크리스티안센(Erik Christiansen)은 자기 수입의 56퍼센트를 세금으로 내고 있어요. 몇 사람에게 몇 번이나 물었는데도 의심스러워 그에게 또 물었어요. 50퍼센트가 넘는 세금이 아깝지 않느냐고요.

그는 이렇게 대답했죠.

"기쁜 마음으로 세금을 냅니다. 나도 우리 아이들도 많은 혜택을 누리고 있습니다. 이런 복지 제도 덕분에 서로를 믿는 사회가 됐지요."

세계에서 세금을 가장 많이 내는데도 행복지수 세계 1위를 한 내력이 바로 여기에 있었어요. 우리나라 국민은 자기가 버는 돈의 26퍼센트를 세금으로 내요. 덴마크에 견주면 절반쯤 되지요. 물론 세금을 많이 걷는 것이 중요한 게 아니에요. 그보다는 오히려, 우리가 내는 세금이 제대로 쓰이고 있는지, 이것이 더 중요하죠. 우리가 내는 세금을 쓸 때, 부정과 부패와 반칙이 있는지 없는지 잘 살펴야 해요. 그것은 우리가 조금만 마음 쓰면 충분히 할 수 있는 일이니까요.

6. 덴마크는 건강한 자전거의 나라

건강, 환경을 생각하고

이웃과 가까이 지낼 수 있죠

덴마크는 자전거의 나라예요. 코펜하겐 직장인 중 59퍼센트가 자전거를 타고 출퇴근하죠. 코펜하겐 중앙역 앞에 자전거 수천 대가 줄줄이 놓여 있어요. 덴마크는 사람 수보다 자전거가 더 많다는 말이 맞는 것 같아요.

어느 거리에서나 자전거를 볼 수 있어요. 자전거 도로가 차선 하나를 당당히 차지하고 있죠. 코펜하겐도 마찬가지예요. 자전거 신호등이 따로 있고, 자전거 타는 예절도 있어요. 코펜하겐에 갈 때마다 자전거 물결이 신기해 한참 바라보았지요. 수많은 사람이 자전거를 타고 출근하는데, 그 흐름이 어쩜 저렇게 물처럼 자연스러울까, 싶었어요!

자전거는 도로에서 오른쪽이나 왼쪽으로 돌 때, 돌려고 하는 쪽 손을 옆으로 쭉 뻗어요. 오른쪽으로 갈 사람은 오른손을 뻗어 뒷사람에게 알리는 거지요. 차로 치면 오른쪽 깜빡이를 깜박깜박 하는 거와 같아요. 사람들 얼굴도 얼마나 밝고 편안한지 몰라요.

그에 견주어 우리나라 자전거 도로는 덴마크처럼 자동차 도로 옆에 한 차선을 차지하고 있는 것이 아니라 인도에 냈어요. 사람이 걸어다니는 인도에 자전거 도로를 낸 거지요. 그래서 자전거는 보행자를 잘 보면서 타야 하고, 보행자는 자전거를 조심해야 해요.

덴마크 사람들은 초등학교 때부터 자전거 타는 방법을 배워요. 한 초등학교를 방문했을 때, 자전거 타는 연습이 한창이었어요. 널빤지

를 덧대어 낸 좁다란 길을 타고 있었지요. 더구나 그런 좁다란 길이 오르막도 있고 내리막도 있어요. 학생들은 선생님이 가르쳐 준 대로 한 사람씩 해냈어요. 보고 있는데, 나까지 손에 땀이 나더라고요!

덴마크 정부는 지금도 여전히 자전거 도로를 내고 있어요. 옛날 자전거 도로는 더 편하게 다듬고, 도시와 도시를 잇는 자전거 도로를 새로 내고 있고요. 공해 없는 나라, 건강한 나라가 덴마크 국민들에게 행복을 가져다준다고 믿기 때문이지요.

내 힘으로 있는 힘껏 페달을 밟고

코펜하겐을 처음 방문했을 때였어요. 마침 새 자전거 도로 개통 기념행사를 열고 있었어요. 새 자전거 도로는 코펜하겐과 둘레 도시를 잇는 도로였고요. 300명쯤 모였는데, 모두 자전거를 타고 있었죠. 쌍둥이를 앞에 태울 수 있는 자전거, 승용차 모양 자전거, 두 사람이 함께 타는 자전거, 정말 별의별 자전거가 다 있었어요.

야코브 노르고르(Jacob Nordgaard)는 세 아이와 함께 왔어요. 그는 활짝 웃으면서 이렇게 말했어요.

"우리 집에는 자전거가 아홉 대 있어요. 식구보다 많죠."

야코브 노르고르 식구들은 새 자전거 도로를 앞서거니 뒤서거니 달렸어요.

페테르 헨릭센(Peter Henriksen)은 아내와 함께 왔어요. 그는 차가 있지만 회사까지 20킬로미터를 자전거로 출근해요. 이 부부는 자전거가 주는 행복을 세 가지로 정리했어요.

첫째, 건강이에요. 페테르는 원래 비만이었는데, 4년 전부터 자전거를 타기 시작해 25킬로그램 줄였어요. 아내가 그의 목걸이를 가리키며, "살을 빼기 전에는 목이 두꺼워 이 목걸이를 찰 수 없었어요." 했어요. 그래서일까요? 덴마크에서는 미국이나 유럽 여러 나라에서 흔히 볼 수 있는 거대 비만자가 보이지 않았어요.

둘째, 자동차를 몰지 않으니 공해를 줄일 수 있어요. 코펜하겐은 미세먼지가 거의 없지요.

건강과 환경, 이 두 가지는 충분히 예상할 수 있었어요. 그런데 페테르가 말한 세 번째 장점은 아주 새롭게 다가왔어요.

"자동차를 타고 가면 이웃을 만나도 인사할 수 없잖아요. 그런데 자전거를 타면 인사도 할 수 있고, 얘기도 나눌 수 있어요."

코펜하겐 직장인의 평균 출퇴근 시간은 15분이에요. 그에 견주어 우리나라 수도권 직장인들은 거의 다 한 시간이 넘고요. 서울 직장인도 코펜하겐 직장인처럼 15분 거리에 회사가 있고, 자전거를 타고 콧노래를 부르며 달릴 수 있다면 얼마나 좋을까, 하는 상상을 해 보았어요.

내가 처음 덴마크에 간 때는 4월 봄이었고, 두 번째는 6월 여름이었어요. 자전거 물결을 보며 문득 이게 궁금했어요.

'눈 내리는 겨울에도 자전거를 탈까?'

그러다 다시, 한겨울 1월에 덴마크를 찾았어요. 도로 곳곳에 눈이 쌓여 있었어요. 그런데, 놀랍게도 사람들이 자전거를 타고 있는 거예요! 눈이 쌓이면 시청에서 가장 먼저 자전거 도로 눈 치우기 작업을 하는 거지요.

덴마크 사람들은 사철 내내 자전거를 타요. 자전거는 자기 마음대로 움직일 수 있어요. 이 길로 갈까 저 길로 갈까, 빨리 갈까 천천히 갈까, 곧장 갈까 쉬었다 갈까, 이런 것을 내가 정할 수 있어요. 내 인생의 주인은 다른 누구도 아닌 나 자신이듯, 내 힘으로 있는 힘껏 페달을 밟고 앞으로 나아갈 수 있지요. 아마 그 기분은 자전거로 달려 보지 않은 사람은 모를 거예요.

7. 공립학교

행복한 학교 행복한 인생,

발뷔 스콜레

교장 마르그레테 프라우싱

VALBY SKOLE

1학년부터 9학년까지 600명

행복한 학교에서 행복한 인생이 시작된다!

덴마크 초등·중학교 과정은 이 사실을 잘 보여 주고 있어요. 덴마크 공립학교는 폴케스콜레(Folkeskole)라 하는데, 우리의 중학교 과정까지 포함해 1학년부터 9학년까지 있어요. 일반 공립학교, 자유학교, 사립학교를 차례차례 찾아가 봤어요. 운영 방식은 조금 달랐지만 가르치는 중심 내용은 거의 같았어요.

> 첫째, 학교는 어떤 인생을 살 것인가를 가르쳐요. 또 그것을 '스스로 찾는' 방법을 가르치죠.
> 둘째, 개인의 성적이나 발전보다는 같이 힘을 모아 하는 것을 더 중요하게 여겨요.
> 셋째, 학생과 학부모, 선생과 교장, 그 어느 누구도 서운하지 않게 학교 운영에 참여할 수 있어요.
> 넷째, 인생을 자유롭게, 또 즐겁게 사는 방법을 배워요.
> 다섯째, 사회에 나갔을 때 바로 통할 수 있는 교육을 해요.
> 그래서 학생들이 걱정하고 불안해 하지 않아요.

이렇게 덴마크 초등학교는 '행복 초등학교'라 할 수 있어요.

코펜하겐 발뷔 스콜레(Valby Skole)는 덴마크에서 흔히 볼 수 있는 초중등 공립학교예요. 1학년부터 9학년까지 600명이 다니고 있죠.

오래된 공장을 살짝 고쳐 문을 연 학교라 틀도 없고 아주 소박해요.

교장 마르그레테 프라우싱(Margrethe Frausing)이 학생들을 어떻게 가르치고 있는지 들려줬어요. 첫마디부터 아주 신선해요.

"공부를 못하는 학생도 칭찬을 받습니다. 산만한 학생도 칭찬을 받습니다. 조금 문제가 있는 아이들도 칭찬을 받습니다."

공부를 잘하는 것은 여러 능력 가운데 하나일 뿐

덴마크 모든 공립학교는 7학년까지 점수 매기는 시험을 보지 않아요. 점수 매기는 시험은 8학년부터 보는데, 그 또한 등수를 매기지 않고요. 9학년에 보는 졸업시험도 등수가 없기는 마찬가지예요. 단지 학생들의 진로를 생각할 때 참고만 할 뿐이죠. 덴마크는 초중등학교를 왜 이렇게 운영할까요?

프라우싱 교장은 그 까닭을 이렇게 답했어요.

"덴마크 교육의 전통은 아이들끼리 경쟁하는 교육이 아닙니다. 8학년부터 시험을 보기는 하지만 등수를 매기지는 않습니다. 성적이 좋다고 상을 주지도 않고요. 물론 학생들끼리는 서로 점수를 아니까 누가 잘하고 못하는지는 압니다. 그러나 담임 선생님이나 학교가 공부 잘하는 학생을 치켜세우거나 특별히 대접하지 않아요. 그래서 유별난 경쟁이 없죠. 학생들 간의 경쟁보다 협력이 무엇보다도 중요합니다."

덴마크에서 공부를 잘하는 것은 여러 능력 가운데 하나일 뿐이에요. 교사는 아이들 저마다의 장점을 찾아내고, 칭찬하고, 힘을 북돋는 것을 가장 중요한 일로 여기고요.

"공부를 잘하는 아이는 더 잘하도록 칭찬하고, 공부를 못하는 아이도 칭찬합니다. 물론 공부를 못하는데 잘한다고 거짓말로 칭찬할 수는 없죠. 그런 아이들에게는 작은 목표를 세워 줍니다. 만약 20문제 중에 절반만 맞힌 아이가 있으면, 다음번에 한 문제만 더 맞혀도 아주 크게 칭찬해 줍니다. 아이에게 자신감을 불어넣는 거죠. 칭찬의 효과는 굉장합니다. 공부를 못하는 학생에게 자신감을 주고, 안정감을 줘서, 학교생활을 즐겁게 하는 거죠."

덴마크 공립학교는 모든 학생에게 자신감과 안정감을 줘요. 그렇게 해서 아침 등굣길 발걸음을 가볍고 즐겁게 하죠.

프라우싱은 주의력이 산만한 아이도 칭찬받을 기회를 준다고 했어요.

"어떤 아이들은 수업 시간에 가만히 앉아 있지 못하죠. 그런 아이들에겐 짧은 시간 동안 가만히 앉아 있게 하는 목표를 정해 줍니다. 가령 10분간 조용히 앉아 있어 보라고 하고,

타이머로 10분을 재는 거죠. 약속을 지키면 아주 크게 칭찬합니다."

"그래도 교사로서 참기 힘든 문제아가 있을 텐데, 그럴 때는 어떻게 하는지요?"

"마음으로, 또 몸으로 안아 줘야죠. 그 아이들도 다닐 수 있는 학교가 되어야 하니까요. 덴마크 교육은 한마디로 '학생들은 저마다 다르고, 그들 모두를 온몸으로 안아야 한다'는 것입니다. 우리는 장난꾸러기도 문제아도 용서해 줍니다. 아이는 용서하되 대신 부모를 탓하죠."

부모를 탓한다는 말은, 부모를 비난한다는 말이 아니에요. 부모와 교사가 만나 아이 문제를 놓고 깊이 의논한다는 말이에요.

"교사와 부모가 아주 솔직하게 대화를 나눕니다. 아이에게 문제가 있으니, 이런 점은 같이 힘을 합쳐 고쳐 보자고 말이에요. 부모가 협력할 형편이 안 되면 학교가 더욱 그 아이를 위해 마음을 씁니다. 부모가 챙겨 주지 못하는 아이를 학교에서도 챙겨 주지 않으면 그 아이의 앞날이 어떻게 되겠어요? 그런 아이일수록 학교에 오고 싶은 마음이 들도록, 학교에 오면 마음이 놓이도록 해 줘야죠."

스스로 선택하는 앞날

덴마크 학생들은 '너와 나는 모두 소중하다'는 평등 문화 속에서 자라요. 덴마크 초등학교 교실에는 우리나라 반장과 같은 임원도 없고요.

"반에서 무슨 활동을 하든지 평등하게 하기 때문에 굳이 반장이 필요 없어요. 학생회 회의에 나가는 아이는 있습니다. 반 아이들의 의견을 모아 학생회 회의에서 발표하죠."

우리나라처럼 덴마크 학교에도 '왕따' 문제가 있는지 궁금했어요.

"거의 없어요. 선생님들은 '어떻게 함께 잘 놀 것인가'를 가장 중요하게 생각합니다. 쉬는 시간이나 학교 끝나고 어떻게 같이 놀아야 할지 가르칩니다. 한두 번일지라도 일단 따돌림을 받으면 상처가 크기 때문에 어느 아이도 외롭지 않게 같이 몸을 부대껴 노는 방법을 가르치는 거죠. '놀다 보면 이런 애도 있고 저런 애도 있다. 사회도 마찬가지다. 저마다 개성이 있다. 모두 다 똑같이 사랑할 수는 없다. 서로 이해해야 한다.' 이런 교육이 이뤄지기 때문에 학생들 간의 문제로 자살하거나 치고받고 하는 일이 없어요. 우리 학교뿐 아니라 덴마크 모든 학교가 그렇습니다."

덴마크 학생들은 스스로 자신의 앞날을 준비하고 선택해요.

"7학년부터는 진로 담당 선생님과 면담을 할 수 있습니다. 진로 담당 선생은 전문 교육을 받은 사람인데, 일주일에 이틀 학교에 나와 학생들과 상담합니다. 이때 선생님은 학생의 장단점을 헤아리고, 사회에서 어떤 직업을 선택해야 할지 도움말을 해 줍니다. 9학년 졸업하고 직업학교로 갈지, 인문계 고등학교로 갈지, 학생들이 정하는 거죠. 선생님은 도움말만 해 줍니다. 진로 결정은 어디까지나 학생 스스로 선택하고 결정하죠. 학교나 선생님은 이래라저래라 할 수도 없고 하지도 않아요. 단지 그 학생의 선택이 실패가 되지 않게 도와줄 뿐이죠."

덴마크 학생들은 초등학교 때부터 민주주의를 공부해요. 프라우싱 교장은 그런 의미에서 학생회 활동이 아주 중요하다고 했어요.

"학생회는 반에서 한 사람씩 나가고, 이들은 한 달에 한 번 모입니다. 무척 활발하게 활동하는데, 최근에는 학생회 의견으로 교실 의자를 모두 새것으로 바꿨어요. 학생회는 학교 행정 최고 결정 기관인 이사회에 학생 대표 두 사람을 보냅니다. 누구를 보낼지 자기들끼리 의논해서 결정하죠."

발뷔 스콜레 이사회는 모두 11명이에요. 학부모 7명, 교직원 2명, 학생 2명이죠. 이사회는 교장의 교육 방법이나 계획을 허락하기도 하고, 기발한 의견을 내놓기도 해요. 이사회에 학부모 대표가 절반이 넘는 점도 놀라웠어요. 그런데 더 놀라운 것은, 이사회에 학생 대표가 나간다는 점이었죠.

학생들이 교사의 사랑을 고루 받는 학교, 그래서 학생에게 자부심을 주는 학교, 학생이 여유를 갖고 자신의 진로를 선택하게 도와주는 학교, 학생이 주인 의식과 평등 의식을 갖게 하는 학교. 이런 학교가 세계 행복지수 1위를 만들고 있었어요.

9년 동안 같은 반, 같은 담임

코펜하겐 공립학교 발뷔 스콜레는 한 반이 23명인데, 1학년 준비반 0학년부터 5학년까지, 6학년부터 9학년까지, 같은 반 같은 담임 선생님이에요.

"낮은 학년 때는 학교가 편하고 즐거워야 하고, 높은 학년 때는 배우는 것이 중요하기 때문에 두 단계로 나눴습니다. 담임 선생님도 그에 맞게 하고 있고요."

9년 동안 같은 반 같은 담임

"몇 년간 쭉 담임 교사가 같은데, 만약 학생과 선생님이 잘 안 맞고, 학부모가 담임을 싫어하면 어떻게 합니까?"

"우리 학교 학생이 600명인데, 그런 일은 1년에 한 번 있을까 말까 합니다. 그럴 때는 부모와 학생이 담임 교사와 끊임없이 얘기를 나눠요. 저는 담임과 학생 간에 무슨 오해가 있는지 살펴보고요. 대개 이 과정에서 오해가 풀리는데, 정 안 되면 다른 반으로 옮겨 주기도 합니다."

담임 선생님에 대한 만족도가 높은 까닭은 학생들이 선생님을 부모처럼 생각하고, 선생님 또한 학생들을 자기 자식처럼 대하기 때문이에요. 또 오랜 기간에 걸쳐 한 학생을 같은 교사가 맡는 덴마크의 전통이 있기에 가능한 일이죠. 군사부일

체(君師父一體)라는 말이 있어요. 임금과 스승과 아버지는 한 몸이라는 뜻이죠. 덴마크에서는 부모와 담임 교사가 그야말로 한 몸이었어요.

학생이 수학을 못하면 학생 잘못이 아니다

담임뿐 아니라 과목 교사도 수년간 한 반을 이어서 가르치는 일이 많아요. 코펜하겐 거리에서 고등학생들을 만났어요.

"어떤 과목은 3~4년간, 7~8년간 같은 선생님에게 배우죠."

"국어, 수학 선생님이 쭉 같았는데, 수업 시간에 마음이 편안했어요. 어떤 문제가 생기면 정성껏 함께 고민해 주고, 잘 해결할 수 있도록 도와줬어요."

"한 선생님이 9년간 가르치다 보면 내 장점과 단점을 죄다 알아요. 덴마크에는 이런 말이 있어요. 학생이 수학을 못하면 학생 잘못이 아니라 선생님 잘못이라고."

교사가 친부모처럼 학생들을 돌보고, 일일이 학생의 장단점을 알아 맞춤형 수업을 하려면 여간 정성을 쏟지 않으면 안 돼요. 교사는 늘 연구하고 공부해야 하죠. 어떻게 하면 수업을 더 재미나게, 또 효과 있게 할 수 있는지 공부하는 거예요. 교육부와 교장의 지시만 따르는 것이 아니라, 교사 스스로 줏대 있게 학급과 수업을 이끌어 가는 거죠. 학교 이사회에 교사가 참여하는 것도 바로 이 때문이에요.

단 한 명의 패자도 없다

학생들은 9년 동안 같은 반이 되는 것을 어떻게 생각하는지 궁금했어요. 코펜하겐에서 10학년 한 학생을 만났어요. 그 학생은 유치원(0학년)부터 에프터스콜레(Efterskole·10학년)까지 11년간 같은 반이었어요. 지루하지 않았냐고 물었죠.

"오랫동안 같은 반이면 형제자매처럼 편안해요. 옳다는 확신이 덜 들어도 툭툭 말할 수 있죠. 발표를 하다 실수를 해도 비웃지 않아요. 모두 그 학생을 전부터 잘 알고 있으니까요."

덴마크 사람들은 앞날이 불안하지 않아요. 걱정거리가 없는 거죠. 사회 복지 제도가 아주 잘 되어 있기 때문이에요. 사람들이 걱정거리가 없으면 게을러질 것 같지만 꼭 그렇지는 않아요. 덴마크 사람들은 걱정거리가 없다고 해서 삶을 마냥 즐기지만은 않아요. 늘 새로운 것에 도전하죠. 실수를 해도 비웃지 않는 초등학교 교실처럼 사회도 똑같이 누구를 비웃고 깔보지 않아요. 정부와 사회는 그 사람을 이해하고, 힘을 주고, 또 다시 일어설 수 있게 곁에서 도우니까요. 이렇게 봤을 때 덴마크 사회는 학교 교실과 닮았어요.

덴마크에는 왕따 문제가 없어요. 그 까닭은 여러 가지가 있겠지만 무엇보다도 공부를 최우선으로 삼지 않기 때문이에요.

그 10학년 학생은 이렇게 말했어요.

"공부를 잘하는 학생을 선생님이 따로 불러 칭찬할 수는 있겠죠.

하지만 아이들이 모두 보는 앞에서는 하지 않아요. 7학년까지는 시험과 점수가 없잖아요? 만약 시험을 보고 점수를 매긴다면 몇몇 고득점자는 칭찬받겠지만 나머지는 모두 루저(패자, 낙오자)가 될 수밖에 없어요. 평균 밑으로 점수를 받은 학생들은 성적 때문에 절망할 것입니다."

7학년, 우리나라로 치면 중학교 1학년 때까지 학생들은 그 누구도 성적과 등수의 루저가 없이 함께 어울려요. 8학년부터는 시험도 치고 점수도 매기지만, 그전에 7학년까지 '더불어 함께 크는 문화'가 워낙 끈끈하기 때문에 왕따나 낙오자가 없죠. 고등학교에 올라가도 공부를 잘하는 것은 여러 재능 중 하나일 뿐이라는 교실 문화가 쭉 이어지고요.

덴마크 교실의 목표는 단 한 학생도 '패자'가 되어서는 안 된다는 거예요. 단 한 학생도 교실에서 절망해서는 안 된다는 거죠. 이 목표는 초등학교부터 고등학교까지 지켜지고요. 그래서일까요? 덴마크 고등학교 졸업 모습은 참 독특해요.

그저 그런 행사가 아니에요. 모든 학생이 주인공이 되어 함께 즐기고 서로 축하하는 축제가 되죠. 졸업식 잔치에서 가장 볼 만한 행사는 반 학생 모두가 참가하는 카퍼레이드예요. 고등학교 졸업식이 있는 6월이면 코펜하겐 시내 곳곳에서 그 모습을 볼 수 있어요. 학생들은 졸업식이 끝나고 하루 날을 정해 그들만의 잔치를 따로 해요. 낡은 트럭을 빌려 풍선을 매달고, 같은 반 졸업생이 모두 올라타 음악에 맞춰 춤을 추며 시내를 다니죠. 그러면서 아침부터 저녁까지 반 학생들 집을 일일이 찾아가는데, 그때 부모들은 술과 맛있는 음식을 한 상 걸게 차려 내놓아요. 한 학생은 가는 곳마다 술을 마시는 바람에 열 번째 집까지만 기억이 난다고 했어요.

한 70대 할아버지가 카퍼레이드를 보며 내게 들려주었어요.

"우리 때도 저런 전통이 있었죠. 언제부터 했는지는 나도 모르겠어요. 예나 지금이나 졸업생들이 탄 트럭을 보면 시민들이 박수를 쳐 줍니다. 사회 진출을 축하해 주는 거죠."

반 학생 모두가 일일이 집을 방문한다는 것은 학교 교실에서 친구들 사이가 얼마나 끈끈했는지 잘 보여 줘요. 단 한 사람이라도 '나는 학교에서 루저였어, 실패했다고!' 이렇게 절망했다면 이런 잔치는 애당초 불가능해요.

이런 차이는 졸업 뒤 10년, 20년이 지난 동창회에서도 그대로 나타나요. 덴마크 사람들은 직장이 좋고, 월급이 많고, 자식이 명문대에 간 것을 두고 성공했다고 보지 않아요. 직업에 귀천이 없듯이, 어떤 직업이든 내가 즐겁고 보람 있으면 되는 거지요. 학교 교실에서 서로 부대끼며 놀고 공부했듯이 그들이 어른이 되어 사회에 나가서도 허물없이 당당하게 어울리는 거죠.

덴마크 사회는 선택의 자유가 있어요. 초등학생도 선택을 해요. 공립학교, 사립학교, 자유학교 중에서 내가 가고 싶은 학교를 골라 갈 수 있는 거죠. 공립학교나 사립학교는 우리나라에도 있어요. 그런데 '자유학교'는 어떤 곳일까요?

덴마크가 어떻게 행복지수 세계 1위 나라가 되었는지 알려면 '자유학교'가 어떤 곳인지 알아야 해요. 덴마크 공립학교가 왜 7학년까지 시험도 보지 않고, 등수도 매기지 않는지, 학교 이사회에 왜 학부모와 교사와 학생이 참여하는지 알려면 자유학교의 전통과 철학을 먼저 알아야 하고요. 자유학교는 오늘날 덴마크 공립학교는 물론 사립학교의 정신과 문화에 엄청난 영향을 끼쳤어요.

코펜하겐 시내에 있는 자유학교 프레데릭스베르 프리스콜레(Frederiksberg Friskole)는 학교 분위기부터 달랐어요. 마치 학생들이 아주 넓은 가정집에 놀러 온 듯했지요. 널따란 운동장도 따로 없지만 학생들은 공놀이를 하고 있었어요. 수다 떠는 학생들, 엄마와 함께 이야기하는 학생들이 마당 여기저기에 흩어져 있었죠. 교실도 가정집 큰방처럼 아담했고요.

이 자유학교는 1982년에 문을 열었어요. 1학년부터 9학년까지 160여 명이 다니고 있고, 교사는 12명이고요.

아침 9시, 교장 잉에게르 아우켄(Ingegerd Auken)은 몹시 바빴어요.

"이리 따라 오세요. 우리 학교 아침 노래 시간이 막 시작하거든요."

학생 50여 명이 큰 방에서 명상을 하고 있었어요. 학부모 10여 명도 뒤에 서 있고요. 명상이 끝나고 앞줄 학생들이 일어나 바이올린을 켜기 시작했어요. 연주에 맞춰 합창이 이어졌고요. 덴마크어로 불러 무슨 말인지는 알 수 없었어요. 하지만 노래는 학생과 학부모와 교사를 하나로 묶어 주었어요. 노래는 10분쯤 이어졌고요.

"우리는 하루 수업을 이렇게 '다 함께 노래 부르기'로 시작합니다. 덴마크의 모든 자유학교에서 이뤄지는 오랜 전통이죠. 함께 노래를 부르는 것은 우리가 이 사회에서 더불어 사는 사람이라는 것을 확인하는 의식입니다. 합창은 누구 한 사람만 잘 부른다고 멋진 노래가 되지 않습니다. 모두 다 같이 한마음이 되어 불러야 감동을 줍니다. 개인도 중요하지만 공동체 속에서 잘 어울려 사는 것도 중요하니까요."

그는 노래책을 보여 줬어요.

"우리 학교가 엮은 노래책입니다. 기독교 세계관이 바탕이지만, 찬송가는 아닙니다. 옛 덴마크 민요부터 최신 노래까지 다 들어 있지요."

이 학교는 노래책은 있어도 역사 교과서는 없어요. 국어나 수학 같은 과목은 교과서가 있지만 어디까지나 실제 생활에 적용해 가면서 가르치려 하죠. 덴마크 자유학교는 '살아 있는 말'과 '살아 있는 삶'을 중요하게 여기기 때문이에요. 교과서에 있는 말(언어), 문장, 삶이 아니라 우리가 실제 살아가면서 하는 말, 우리의 삶이 중요하기 때문이죠.

'살아 있는 말'이 어떤 말인지는 대충 짐작할 수 있었어요. 그런데 살아 있는 말로 어떻게 수업이 이루어지는지 몹시 궁금했어요.

"역사 수업은 교과서로 배우지 않습니다. 초빙 강사나 선생님들이 직접 들려주는 역사를 배웁니다. 우리는 이것을 '살아 있는 말'이라 합니다. 교과서 속 '죽어 있는' 말이 아니라 선생님이 알고 있는 것과 겪었던 역사를 듣는 것이죠. 선생님들과 강사들은 자신의 말로 역사를 들려줍니다. 낮은 학년 때는 동화나 신화를, 높은 학년이 되면 덴마크 역사와 성경을 들려줍니다. 그리고 학생들과 토론을 하죠."

'살아 있는 말'로 배우다

노래 부르기와 '살아 있는 말'로 이야기 나누기. 이 두 가지는 덴마크 모든 자유학교가 가장 중요하게 여기는 교육이에요. 160여 년 전, 덴마크 교육의 아버지 니콜라이 그룬트비가 가장 먼저 생각해 냈죠.

그룬트비가 살던 시대는 자본주의 이전 사회예요. 국민은 거의 다 농사꾼이었고요. 그룬트비는 농사꾼과 그 자녀들이 '깨어 있는 시민'이 되기 위해서는 공교육만으로는 부족하다고 생각했어요. 그는 학부모들이 힘을 합쳐 학교를 열고, 이 학교에서 아이들을 자유롭게 가르치는 것이 더 낫다고 주장했죠.

왕이 막강한 권력을 휘두르던 왕정 시대인 1814년, 정부에서는 일곱 살부터 열네 살까지 의무 교육을 시작했어요. 그러다 1848년 왕정이 무너지고, 자유주의 지식인들이 의회 권력을 잡아 입헌군주제 시대가 되었어요. 그러니까 막강한 왕의 권력이 줄어들고 의회와 의논하여 정치를 하는 시대가 된 거지요. 이때 의무 교육은 더 깊고 넓게 이루어졌어요. 하지만 왕정 시대나 입헌군주제 시대나 교육은 국가가 바라는 인간을 만들기 위한 교육이었어요. 국가에서 교과서를 내 주고, 학교는 그것을 중심으로 아이들을 가르쳤지요.

그룬트비는 이에 맞서는 교육을 주장했어요. 농사꾼의 눈높이에 맞고, 실제 삶과 어울리는 '노래'와 '살아가는 이야기'로 교육을 해야

한다고 했지요. 그리고 크리스텐 미켈센 콜(Christen Mikkelsen Kold, 1816~1870)은 덴마크에 그룬트비의 교육 철학에 딱 맞는 자유학교를 맨 처음 열었어요.

"그룬트비와 콜은 국민 대다수가 농민인 사회에서 자유학교를 열었습니다. 지금 사회는 그때와 완전히 다르죠. 도시화가 됐으니까요. 하지만 어떤 것은 시간이 흘러도 변치 않은 것이 있어요. 그것은 지키고 따라야 할 전통이 됩니다. 그 전통 가운데 하나가 바로 '살아 있는 말'로 말하기입니다. 차분히 여유를 두고 생각하게 하고, 스스로 자신의 의견을 말하게 합니다. 말은 하면 할수록 늡니다. 자기가 하고 싶은 말을 가슴속에 쌓아 두면 아무짝에도 쓸모가 없습니다. 또 자꾸 속에 쌓다 보면 가슴이 답답하고 마음에 병이 생기기 마련입니다."

덴마크는 초중고 학생 가운데 13퍼센트가 사립학교에 다녀요. 사립학교는 500곳이고, 그중 260곳이 자유학교예요. 자유학교에 다니는 학생은 3만 2000명쯤 되고요.(2010년 기준) 공립학교가 꽤 잘 운영되고 있는데도 학부모들은 자식들을 자유학교에 보내고 있지요.

그룬트비와 콜이 덴마크에 뿌리내린 교육 철학은 한마디로 '즐겁게'와 '자유롭게'예요. 자유학교의 정신이기도 하고요. 아우켄은 이 두 가지가 덴마크 사람들의 행복을 높여 주고 있다고 봤어요.

자유학교 프레데릭스베르 프리스콜레 학생들은 날마다 즐겁게 공부하고 놀아요.

"그룬트비는 학생들이 학교를 좋아해야 한다고 생각했습니다. 그래서 학교를 마치 집처럼 디자인했지요."

'집 같은 학교' 모습은 여러 곳에서 쉽게 볼 수 있어요. 식구들은 언제든 학교에 올 수 있고, 노래 부르기 시간에도 학부모들이 참가할 수 있고요. 소풍도 낮은 학년과 높은 학년이 짝을 지어 가요. 마치 형제끼리 놀러 가듯이 말이에요. 무엇보다 학교는 집처럼 작고 안전해요. 열네 살 마르쿠스 탕게(Markus Tange)에게 프레데릭스베르가 왜 좋은지 물었어요.

"부모님이 원해서 이 학교를 선택했지만 지금은 잘했다는 생각이 들어요. 학교가 작기 때문에 모두 한 식구 같고 안전해요. 어떻게 공부할 것인지도 배우지만 더 중요하게는 어떤 사회인이 되어야 할지 공부해요. 자기가 한 행동에 대해서는 반드시 책임을 져야 한다는 것도 배우고요."

자유학교 운영위원회는 일곱 명인데, 모두 학부모예요. 교장도, 교감도, 선생님도 없지요. 이들 학부모 일곱이 학교의 모든 살림을 책임지는 거죠.

자유로운 학교, 즐거운 공부

덴마크 교육 철학의 핵심 '즐겁게'는 '자유롭게'를 빼놓고는 설명할 수 없어요. 학생들이 즐거워하는 것은 바로 자유가 있기 때문이거든요.

　아우켄은 학생들의 자유는 학교 운영의 자유에서부터 온다고 했어요.

　"우리는 큰 틀에서 교육부의 기본 정책을 따릅니다. 국어, 수학, 생물 같은 기본 과목을 꼭 가르쳐야 한다면, 가르치되 교육 방법이나 수업 일정은 우리가 알아서 자유롭게 하죠. 사립학교가 공부와 규율을 좀 더 강조한다면, 우리는 꿈과 앞날을 중요하게 생각합니다. 시험도 보지 않고, 음악이든 미술이든 체육이든 자기가 좋아하는 것을 하게 합니다. 학생들의 장점을 살리려고 노력하죠."

　이렇게 자유롭게 운영하는데도 자유학교의 예산을 정부가 지원해요. 학교 운영비의 75퍼센트를 정부가 지원하고, 25퍼센트는 학부모가 부담하죠. 학부모는 한 달에 우리 돈으로 20만 원쯤 내요. 자유학교뿐 아니라 덴마크의 모든 사립학교는 정부가 지원해요.

　정부가 자유학교와 사립학교에 예산을 지원하는 까닭이 있어요.

　"우리 헌법에는, 반드시 학교에 가야 한다고 나와 있지 않습니다. 반드시 '교육을 받아야 한다'고 되어 있죠. 그러니까 꼭 공립학교에 다녀야 한다는 말이 아닙니다. 공립이든 사립이든 가서 교육을 받으면 됩니다. 부모의 교육 철학과 방법에 따라 학교를 선택하고 교육을 받으면 되는 거죠. 그래서 정부는 사립학교에 지원을 해 줘야 하는 것입니다."

자유학교와 사립학교는 학생과 교사 선발, 교과 편성을 자유롭게 해요. 그런데도 국가는 학교 운영비의 4분의 3을 지원하죠. '반드시 교육을 받아야 한다'는 국민의 의무를 사립학교에서 할 수 있기 때문이에요. 이런 지원은 유럽 다른 나라에서는 찾아볼 수 없어요.

그렇다면 교사 월급은 공립학교에 견주어 어떤 수준일까.

한 교사에게 물었어요.

"자유학교 교사노조와 공립학교 교사노조는 전국교사노조라는 한 울타리 안에 있습니다. 학교 예산이 거의 정부 지원이기 때문에, 자유학교 교사 월급은 공립학교와 똑같습니다."

한국 대안학교 교사와 나눈 이야기가 떠올랐어요. 그는 '소중한 가치'를 위해 대안학교 교사로 열심히 일하지만, 일반학교 교사보다 훨씬 낮은 대우 때문에 신념이 흔들린다고 털어놓았어요. 그런데 덴마크는 학생이든 학부모든 교사든 자신이 믿는 가치를 위해 자유롭게 다른 방법을 해 볼 수 있어요. 하지만 그 때문에 국가와 같은 직업인에게서 차별 대우나 손가락질을 받지 않는 사회죠.

덴마크 학교는 학생과 교사 선발, 교육 과목 편성을 자유롭게 해요. 물론 자유학교가 자율성이 가장 높고, 그 다음으로 사립학교, 공립학교 순이죠. 하지만 자율의 차이는 그렇게 크지 않아요. 게다가 그룬트비가 자유학교를 열면서 세운 가치는 공립학교는 물론 사립학교에도 고스란히 핵심 가치로 스며들어 있고요.

학생들을 '즐겁게', '자유롭게' 해 줘야 한다는 것, 노래를 부르고, '살아 있는 말'로 공부하고, 국어·영어·수학보다는 앞으로 어떤 인생을 살지를 더 중요하게 여기는 것, 비판의 자유와 토론의 자유를 통해 학생 스스로 답을 찾아가게 하는 것, 이런 가치는 덴마크 모든 학교에 하나의 문화로 뿌리내렸어요.

공립학교와 똑같은 사립학교

상크트크누스 스콜레
Skt. Knuds Skole

교감 옌스 다인 ↓

잘해도 못해도 함께하는 교실

코펜하겐에서 동남쪽으로 200킬로미터쯤 떨어진 오르후스 지역에 사립학교 상크트크누스 스콜레(Skt. Knuds Skole)가 있어요. 이 학교는 140년 전 가톨릭 재단이 세웠어요. 덴마크는 개신교 가운데 하나인 루터교가 국교이기 때문에 가톨릭 신자는 그렇게 많지 않아요. 그래서 가톨릭의 가치를 이어 가기 위해 이 학교를 세웠지요. 그렇다고 모든 학생이 가톨릭 신자는 아니에요. 1학년부터 10학년까지, 가톨릭 신자는 20퍼센트밖에 안 되거든요.

학교 정문을 들어서면서 '이곳은 뭔가 좀 다르겠지?' 하고 기대했어요. 공립학교와 자유학교를 한 곳씩 가 봤는데, 저마다 특색은 있었지만 기본 철학은 놀랍게도 거의 비슷했기 때문이지요. 더구나 모두 다 그룬트비의 교육 철학을 기본으로 하면서 자유와 즐거움, 연대와 같은 가치를 강조하고 있었어요. 차이가 있다면 자유학교가 '집 같은 학교'였다는 점이죠.

교감 옌스 다인(Jens Degn)은 사립학교 상크트크누스가 공립학교와 다른 점은 '운영의 자율성'이라 했어요.

"목적은 같아요. 그러나 목적을 이루는 방법은 우리 마음대로 할 수 있습니다. 예를 들어, 영어를 어느 수준까지 공부해야 한다는 목표가 있다고 합시다. 공립학교는 1학년 때부터 영어를 가르칩니다. 그러나 우리는 꼭 그렇게 하지 않습니다. 초중등 영어는 어느 수준까지 가르치면 되기 때문에 몇 학년부터 어떻게 가르칠지는 우리 스스로 정합니다. 또 우리 학교는 가톨릭 정신으로 세운 학교니까 그와 관련한 과목을 재량껏 할 수 있습니다. 성경 공부 같은 과목이죠. 1년에 열 번 전교생이 교회에 나가 서로를 위해 기도를 하는 프로그램도 있습니다."

공정한 게임을 위한 운영비 지원

덴마크 정부는 사립학교 운영비의 75퍼센트를 지원해요. 모든 학생은 교육 받을 권리가 있기 때문이죠. 가난하든 부자든 돈과 관계없이 모든 학생이 학교 선택의 자유가 있고요. 선택의 자유가 있다는 것은 인간을 행복하게 해요. 만약 돈 때문에 가고 싶은 학교를 못 간다면 출발선부터 불공정한 게임이 될 수밖에 없어요. 또 그것은 평생 마음의 상처가 되고요. 그래서 덴마크는 사립학교 운영비의 75퍼센트를 정부에서 지원하기로 아주 법으로 딱 정해 놓았어요.

나는 다인 교감과 대화를 나누면서 흥미로운 사실 하나를 알게 됐어요. 그는 인터뷰 내내 사립학교가 다른 일반 공립학교에 견주어 얼마나 더 좋은지 자랑하지 않았어요. 공립학교와 다른 점을 부풀려 자랑하지도 않았고요. 그는 교육대학을 졸업한 뒤 10년간 공립학교에서 교사로 일했어요. 그는 오히려 이렇게 말했어요.

"덴마크 정부는 공립학교를 좋은 학교로 만들기 위해 그동안 많은 노력을 해 왔어요. 우리 학교는 사립이지만 덴마크 공교육의 목표와 똑같습니다. 사립학교라 해서 엘리트 교육을 목표로 삼고 있지도 않고요."

스스로 찾는 행복한 삶, 더불어 사는 사회

덴마크는 사립학교와 공립학교가 가려고 하는 길이 거의 같아요. 그 까닭은 공립이든 사립이든 그룬트비의 교육 철학을 따르고 있기 때문이지요.

"우리 학교는 가톨릭 사립학교지만 그룬트비의 교육 철학을 실천하고 있습니다. 우리는 학생들에게 국어, 영어, 수학, 물리를 잘하는 것만으로는 충분하지 않다고 말합니다. 스스로 먼저 인간이 되어야 한다고, 행복한 인생을 꾸려 갈 수 있는 길을 스스로 터득해야 한다고 말하죠. 그리고 역사와 전통을 배우고, 기도와 노래로 아침을 시작합니다."

그룬트비의 교육 철학은 공립학교, 자유학교뿐만 아니라 사립학교에도 깊게 자리 잡고 있어요. 사립학교는 왠지 인간성보다는 성적을, '더불어'보다는 개인을 앞세울 것 같았는데, 덴마크는 그렇지 않았어요.

교실 책상도 줄과 열을 딱딱 맞춰 있는 교실은 단 한 곳도 없었고요. 모두 조를 짜서 앉을 수 있게 되어 있어요. 낮은 학년 교실 벽에 학생들이 자기 모습을 색연필로 그리고, 이름과 생일을 적어 놓았는데, 모두 다 손을 잡고 있어요. 한눈에 봐도 '더디 가더라도 함께 손잡고 가야 해!' 하고 말하고 있어요.

"덴마크에서는 '더불어'가 기본 가치로 자리 잡고 있습니다. 사립학교 교실도 마찬가지죠."

옌스 다인은 한국 중고등학교처럼 우등반과 열등반을 절대 나누지 않는다고 했어요.

"한 교실에 수학을 잘하는 학생과 못하는 학생이 함께 있어야 자연스러운 겁니다. 그래야 잘하는 학생이 못하는 학생을 돕지 않겠어요? 잘하는 학생끼리 모여 있으면 그럴 수가 없죠. 우리 삶도 그렇고, 사회도 그렇고, 다양하고 복잡하지 않습니까? 교실에서부터 사회를 체험해야 하지 않을까요?"

'교실에서 사회를 체험하고, 교실에서 통한 것이 사회에서도 통한다!'

자기 인생을 스스로 가꾸고, 아울러 모두 함께 즐겁게 공부하고 노는 것, 이것이 바로 덴마크의 교육 철학이에요. 더구나 덴마크의 교육 철학은 공립이든 사립이든 똑같아요.

덴마크에 다녀왔다고 하면 사람들은 꼭 이렇게 물어요.

"그들은 왜 자신이 행복하다고 하지요?"

처음 다녀왔을 때는 바로 대답을 못했어요. 그런데 세 번 갔다 오니까, 그들이 왜 행복한지 알 수 있었어요.

"덴마크인들은 앞으로 어떻게 살지 여유를 갖고 스스로 선택합니다. 국가와 사회가 그런 환경을 보장해 줍니다. 그 가운데 하나가 에프터스콜레죠."

영어로 '애프터스쿨'이라 하면 보통 우리나라 방과 후 수업을 떠올려요. 하지만 덴마크 에프터스콜레(Efterskole)는 몇 시간짜리 수업이 아니에요. 1년 과정 수업이고, '또 하나의 학교'인 셈이죠.

덴마크 초중등학교는 9학년까지 있는데, 고등학교는 10학년이 아니라 11학년부터 시작해요. 중간에 1년이 비는 셈인데, 이 10학년을 보내는 곳이 바로 에프터스콜레예요. 흔히 '인생 설계 학교'라 하죠. 덴마크 학생들은 고등학교에 들어가기 전에 이곳에서 자신이 앞으로 어떤 인생을 살지 설계해요.

덴마크에는 에프터스콜레가 250개쯤 있고, 3만여 명이 다니고 있어요. 10학년 에프터스콜레를 가는 방법은 딱 정해져 있지 않아요. 우선 집에서 가깝고, 9학년까지 다닌 학교에서 10학년을 다닐 수 있어요. 하지만 거의 다 집을 떠나 기숙학교가 있는 에프터스콜레를 선택해요. 이런 기숙학교는 거의 사립학교예요. 그런데 정부가 운영비의 50퍼센트를 지원하니까 그렇게 큰 부담은 아니에요. 협동조합으로 운영하는 곳도 있고요. 종합 교육을 하는 곳도 있고, 체육이나 음악처럼 특별 교육을 하는 곳도 있죠. 이처럼 에프터스콜레는 아주 다양해요. 그런데 공통점이 하나 있어요. 바로 공부보다는 인생 설계가 중심이라는 점이죠.

덴마크 학부모와 학생들은 대체로 10학년 에프터스콜레 제도를 아주 좋아해요. 학부모들은 아이가 집을 떠나 자립하길 바라죠. 또 한창 사춘기인 아이들은 부모의 간섭에서 벗어나 또래들끼리 함께 사는 새로운 세계를 맛볼 수 있고요.

어떤 인생을 살 것인가

코펜하겐에 있는 이드렛스 에프터스콜레(Idrætsefterskole)는 축구와 핸드볼을 가르치는 스포츠 전문 학교예요. 교사 15명이 학생 135명을 가르치죠. 얼핏 보면 학교라기보다는 2층짜리 숙소가 줄지어 선 평범한 여관 같아요. 그런데 바로 옆에 지방 정부가 건설한 근사한 축구장과 핸드볼 경기장이 있어요. 학교가 일부러 그 가까이에 있는 거죠.

이 학교 교장 얀 바르슬레우(Jan Barslev)는 청바지 차림이었어요. 아주 털털했고, 삼촌처럼 학생들과 두런두런 얘기를 나눴어요. 그는 한때 핸드볼 코치였어요. 그러다 2004년 친구 둘과 이 학교를 협동조합 형식으로 열었고요. 그는 자신이 설립자이지만 소유자는 아니라고 했어요. 달마다 조합비를 내는 조합원 200여 명이 학교 운영위원회 위원이고, 이들이 뽑은 이사 아홉 명이 학교를 경영해요.

이 학교는 꽤 인기가 많아요. 남자 축구팀은 입학 경쟁률이 5 대 1인데, 입학시험 없이 인터뷰만으로 뽑죠.

"우리는 학생을 인터뷰할 때 축구를 얼마나 잘하는지, 수비를 잘하는지, 공격을 잘하는지 묻지 않습니다. 대신 얼마나 축구를 좋아하느냐, 아침 여덟 시에 축구 연습을 할 수 있느냐, 이것만 묻죠. 25퍼센트는 프로 선수로 나가도 될 만큼 실력이 뛰어나지만 나머지는 꼭 그렇지 않습니다. 그냥 축구가 좋고 취미로 하고 싶어서 오는 학생도 많고요."

일주일에 여덟 번 정도 수준별로 팀을 짜서 경기를 하는데, 잘하고 못하고를 따지는 시험은 없어요.

바르슬레우는 이곳에서 "학생들은 '사는 법'을 배운다"고 했어요.

"국어도 배우고 수학도 배우고 축구도 배우지만 그보다 더 중요한 게 있어요. 나는 어떤 인생을 살 것인가, 다른 사람과 어떻게 함께할 것인가, 이런 질문에 답을 찾는 거죠. 그러면서 민주 사회의 시민으로 다시 태어나는 곳이 바로 에프터스콜레입니다."

더불어 사는 법을 익히다

가장 중요한 공부가 '어떤 인생을 살 것인가'라는 말은 과장이 아니었어요. 이 학교의 교육 과정에는 인생 설계 수업이 있거든요.

"1년에 네 번, 1월, 3월, 9월, 11월에 일주일씩 '인생 계획 세우기'를 해요. 이때 학생들에게 묻죠. 서른다섯 살이 되었을 때 무엇을 하고 싶은가? 만약 선생님이 되고 싶다면, 그것을 이루기 위한 계획을 짜 보라, 합니다."

에프터스콜레는 '스스로'와 '더불어', 이 두 바퀴로 굴러가요.

바르슬레우는 스스로 결정하는 법을 배우는 것이 가장 중요하다고 했어요.

"부모들도 에프터스콜레를 좋아합니다. 아이들은 부모를 떠나 이곳에서 자립심을 키우죠. 하다못해 아침에 부모가 깨우지 않아도 스스로 일어나야 하니까요. 여기서는 한 집에 열둘이 살고, 셋이 한 방을 씁니다. 방청소부터 시작해 집에서 일어나는 모든 일을 자기들끼리 토론하며 풀어 나가죠. 이런 집이 열두 채 있어요. 집마다 대표 학생이 있고, 이 대표들이 일주일에 한 번 대표자 회의를 열어 마을을 이끌어 갑니다."

학생들의 하루는 아침 일곱 시에 시작해요. 씻고 아침밥을 먹은 뒤 여덟 시부터 점심까지 축구나 핸드볼 기본 훈련을 하고, 점심을 먹고 오후 네 시까지는 교실에서 덴마크어, 수학, 물리 수업을 듣죠. 그리고 다시 오후 네 시부터 여섯 시까지 축구나 핸드볼 실전 경기를 하고요.

루카스 바스틴(Lucas Bastin)은 이곳에 온 지 열 달째 되어 가요. 핸드볼을 좋아하는데, 할 수 있다면 프로 선수가 되고 싶대요.

"좋아하는 것이 비슷한 학생들과 날마다 어울릴 수 있어 정말 좋아요. 서로 관심 분야가 비슷해 훨씬 빨리 친해지더라고요. 셋이서 같이 방을 쓰니까 가끔 다툴 때도 있지만 우린 함께 생활하는 법을 꽤 빨리 배웠어요. 한 식구 같아서 재미있을 때가 더 많죠."

바스틴은 이곳에 오기 전까지만 해도 사람들 앞에 서는 게 힘들었어요. 그런데 지금은 자기도 모르게 많이 달라졌어요.

"껍데기를 벗고 나오는 게 가장 어려웠어요. 처음엔 정말 수줍어했거든요. 다른 학생과 말하는 것이 두려웠죠. 하지만 곧 편해지면서 어울리게 됐어요. 선생님이 수업이나 활동에서 우리들이 잘 어울리도록 많이 도와줬거든요."

바스틴은 좋아하는 것이 같은 친구들과 함께 먹고 자며 생활하다 보니 자연히 수줍음도 없어지고 말도 잘하게 됐어요. 나는 바스틴 말을 들으면서 고등학교에 다니는 우리 아들이 떠올랐어요. 부자간에 밥을 먹어도 통 말이 없을 때가 많거든요. 나는 아버지로서 조심히 말을 건네는데, 아들은 그저 "예." "아니요!" 아주 짧게 대답해요. 어쩔 때는 말을 좀 길게 하기는 하지만 끝이 흐지부지 흐리고요. 그런데 축구 이야기만 나오면 완전히 달라져요. 축구를 아주 좋아하거든요. 말을 안 시켜도 하고 싶은 말을 막 하지요.

아들은 축구를 좋아하지만 주말에만 잠깐 해요. 하지만 그것도 마음 편히 하지 못해요. 머릿속에는 밀린 숙제가 가득 차 있거든요. 우리 아들도 덴마크 학생들처럼 아무 걱정 없이 축구를 즐길 수 있다면 얼마나 좋을까, 하는 생각을 해 봤어요. 아마 얼굴이 환해질 거예요.

평생 배우는 인생 설계

학교를 한 바퀴 돌아봤어요. 식당에서는 전문 영양사가 저녁을 준비하고, 학생들 몇이 옆에서 돕고 있었죠. 학생들은 자기 차례가 되면 식당 일을 도와야 해요. 공연장에는 기타, 드럼 같은 악기가 있고, 이곳에서 1년에 서너 번 학부모를 초청해 잔치를 벌이죠.

학교 건물 1층 한쪽에 컴퓨터실이 있는데, 학생 대여섯 명이 컴퓨터 앞에 앉아 뭔가 열심히 하고 있었어요. 가까이 가 보니 인터넷 게임을 하고 있어요.

바스틴에게 물었죠.

"덴마크 학생들도 게임 중독이 심하니?"

바스틴은 고개를 저었어요.

"인터넷 게임을 즐기긴 해도 중독은 아니에요. 밖에 나가 핸드볼 하는 걸 더 좋아하니까요."

바스틴과 헤어지면서 인생 계획은 잘 짜고 있는지 물었어요.

"여기를 졸업하면 고등학교에 진학할 거예요. 그리고 코펜하겐 대학에서 심리학을 공부할 생각이고요."

"핸드볼 프로 선수가 되고 싶다고 했잖아. 그런데 왜 심리학을 공부하려고 하지?"

"사람이 좋아요. 사람들과 대화하는 것도 좋고요. 여기 와서 공동생활을 하면서 더 자신감도 생기고 확신도 갖게 됐어요. 사람 마음에서 일어나는 일을 잘 살펴서 마음이 불편한 사람을 돕고 싶어요."

바스틴은 심리학 공부와 핸드볼 선수, 이 두 가지를 따로따로 생각하지 않아요.

"핸드볼이나 축구는 곧 심리학 공부이기도 해요. 한 선수가 경기장에서 뛰는 모습을 보면 그가 무엇을 생각하고 있는지, 상황을 어떻게 판단하고 있는지 알 수 있지 않나요?"

바스틴은 아주 의젓했어요. 자기 자신을 잘 알았고, 자신의 몸과 마음 상태를 잘 헤아리고, 하고 싶은 말을 조리 있고 아주 또렷하게 했어요.

이렇게 여유를 갖고 인생을 설계하는 기간이 고등학교 입학 전에만 있는 게 아니에요. 바르슬레우 교장은 인생의 중요 시점마다 있다고 했어요.

"인생 설계 학교는 대학에 가기 전에도 다닐 수 있습니다. 나도 대학 들어가기 전에 20~25세 청년들이 인생을 설계하는 기숙 학교에 1년간 다녔죠. 뿐만 아니라 직장을 그만두고 인생의 2모작, 3모작을 준비하는 사람들을 위한 성인 공립학교도 있습니다."

덴마크인들은 그야말로 평생교육을 누리면서 인생을 설계하고 있어요. 고등학교를 졸업하고 바로 다음 해에 대학에 진학하는 비율이 20퍼센트밖에 안 돼요. 대학을 가기 전에 여유를 갖고 인생을 설계하기 때문이죠. 직장을 다니다가 실직해도 바로 다른 직장을 찾아 나서지 않아요. 성인 학교에서 어떤 인생을 살 것인지 다시 공부하죠. 정부에서 전 직장에서 받던 월급과 비슷한 수준으로 실업보조금을 2년 동안 주고, 다음 인생을 위해 선택하고 싶은 직업이 무엇인지 상담해 줘요. 또 직장도 소개해 주고요.

덴마크 사람들은 돈과 밥벌이보다 어떤 인생을 살 것인지 끊임없이 고민해요. 그리고 이런 태도가 하나의 문화로 자리 잡았지요. 물론 개인의 노력도 중요해요. 하지만 그것에 앞서 사회와 국가가 앞서서 그런 고민을 할 수 있게 보장해 주는 거예요. 덴마크는 이런 게 아주 잘 갖추어진 나라예요.

11. 스스로 길을 찾는 고등학생

요나스 노 셰룬
Jonas No Sjølund
에프터스콜레 1년 다님

한국으로 치면 요나스 노 셰룬(Jonas No Sjølund)은 고등학교 2학년이에요. 그는 한국인 어머니와 덴마크인 아버지 사이에서 태어났어요.

셰룬 집을 방문했을 때, 그는 고등학교 친구 둘과 함께 있었어요.
"셰룬은 고등학교를 졸업한 뒤 어떻게 할 생각이지?"
하고 물었어요.

"글쎄요. 우선 1년 정도는 공부를 쉬고 싶어요. 졸업하면 먼저 몇 개월은 일해서 돈을 벌고, 또 몇 개월은 그 돈으로 여행을 갈까 해요. 그리고 나서, 아마 대학에 갈 것 같아요. 아니면 완전히 다른 길을 선택하거나……. 아직은 잘 모르겠어요."

셰룬은 '아마', '아직 모르겠다'는 말을 자주 했어요. 무얼 확실하게 결정하지 않은 듯싶었죠. 끊임없이 고민하고, 또 고민하고 있는 듯했어요. 그에게 대학은 당장 가야 할 곳도, 반드시 가야 할 곳도 아니었어요. 이 또한 한국 고등학생과는 아주 달랐죠.

하지만 셰룬은 하고 싶은 일이 분명하게 있어요. 나중에 사회에 나가면 여러 사람과 함께 어울려 문제를 풀어 가고, 여러 나라를 여행하면서 국제 관련 일을 하고 싶다고 했어요. 그래서 셰룬은 인간 행동을 연구하는 심리학에 흥미를 두고 공부하고 있죠.

셰룬은 자기 주관이 뚜렷하면서도 여유가 있어 보였어요. 고등학교 2학년이라고는 믿기지 않을 정도로 속이 깊다고 하자, 그는 에프터스콜레를 졸업해서 그렇다고 했어요. 우리나라 아이들도 중학교를 졸업하고 고등학교에 들어가기 전에 1년 동안 인생학교를 다닌다면 얼마나 좋을까, 하는 생각이 들었죠. 정말 그렇게만 된다면 우리나라 교육은 엄청나게 변할 거예요.

주관이 뚜렷한 아이들

"또래 친구들을 만나면 누가 에프터스콜레를 다녔는지, 안 다녔는지 알 수 있어요. 그만큼 성숙해지거든요. 에프터스콜레에서는 자신의 감정을 어떻게 말해야 하는지, 다른 사람과 어떻게 어울리고 행동해야 하는지 배워요. 물론 기본은, 나는 누구이고 어떤 사람이 되길 원하는가를 알아내는 것이죠."

한 친구는 음악 전문 에프터스콜레를 졸업했고, 다른 한 친구는 건축 체험 에프터스콜레를 졸업했어요. 그들 모두 여유가 느껴졌어요. 셋 다 고등학교를 졸업하면 1년 정도 여행을 가고 싶다고 했고요.

"에프터스콜레를 다니면서 난생 처음 부모님과 떨어져 1년간 지냈어요. 새로운 환경에서 살아가는 법을 배웠죠. 그런 경험이 있기 때문에 해외여행도 두렵지 않아요. 부모님이 여행 경비를 대 주지는 않습니다. 그런 아이는 아주 드물죠. 보통 3~4개월 열심히 아르바이트해서 돈을 모아 여행을 떠나요. 우리도 지금 열심히 준비하고 있어요."

대한민국 고등학생들에게 가장 중요한 것은 어느 대학을 갈 것인가예요. 고 3이 있는 집에서는 1년 내내 전쟁터 같은 긴장감이 흐르고요. 아침 일찍 밥을 먹고 나가니 온 식구가 함께 얼굴 보기가 힘들어요. 그런데 덴마크 고등학생들은 어떤 대학을 갈지 정하지도 않고, 여유를 갖고 자신의 앞날을 계획하죠.

"정부가 대학 등록금을 내 줍니다. 달마다 생활비도 줘요. 그러니 서두를 필요가 없죠. 미국이나 한국처럼 은행에서 등록금을 빌리고 그 돈을 갚기 위해 아르바이트를 할 필요가 없습니다. 그러다 보니 아무래도 마음의 여유가 더 있죠. 무엇보다 대학을 바로 가지 않아

도 루저로 보지 않아요. 어느 누구도 둘레 사람 눈치를 보지 않죠."

덴마크 학생들은 약 40퍼센트가 4년제 종합대학에 가요. 우리나라 대학 진학률이 80퍼센트니까 우리보다 한참 못 미치죠. 그런데 이 숫자만 가지고 이들이 배움을 멀리한다고 생각하면 잘못 알아도 아주 크게 잘못 아는 거예요. 우리보다 훨씬 실속 있게 고등학교 이후 공부를 시작하거든요.

고등학교를 졸업하고 2년제 교사 전문학교, 목수 전문학교, 요리사 전문학교처럼 직업학교를 선택하는 이들이 40퍼센트 이상 되니까요.

"고등학교를 마친 뒤 아무 공부도 하지 않는 사람은 10퍼센트쯤 됩니다. 배우려는 마음만 있으면 평생 배울 수 있는 기관이 정말 많거든요."

정말 하고 싶은 일을 찾아서

셰룬에게 행복지수 1위 덴마크를 어떻게 생각하는지 물었어요.

"행복은, 어느 정도 만족하느냐, 이게 아닐까요? 나는 덴마크가 세계에서 행복지수 1위인지는 잘 몰라요. 그러나 국민들이 자신의 삶을 만족해 하는 나라라는 사실은 분명해요. 덴마크 국민들은 안정감을 느끼고 사니까요. 사회복지가 잘 되어 있기 때문에 길거리에 나앉을 걱정도 없고요. 자기 생활에 만족하고, 걱정거리가 없으니 행복지수 1위겠죠?"

그에게 요즘 어떤 걱정거리가 있는지 물었어요.

"글쎄요. 내게 걱정거리가……, 뭐가 있지?"

다른 덴마크인들과 똑같았어요. 덴마크 사람들은 '걱정거리가 있느냐'고 물으면, 거의 다 대답을 잘 못해요. 아니 쩔쩔매요. 딱히 떠오르지 않기 때문이지요.

"학점이나 운전면허 시험은 조금 걱정이 되기는 하지만……, 가장 큰 걱정은 늦기 전에 내가 정말 좋아하는 일을 찾아야 한다는 것, 바로 그거겠죠? 좋은 직장을 찾을 수 있을까, 이런 것을 걱정하는 게 아니에요. 나는 우리 덴마크 사회가 적어도 밥벌이를 할 정도의 직장쯤은 찾아 주리라 믿으니까요. 실제로 덴마크 정부와 사회가 그렇게 하고 있고요. 진짜 걱정은, 그 직장이 내가 꼭 하고 싶은 일이냐, 하는 거예요. 이게 내 유일한 걱정거리죠."

참으로 부러운 '걱정거리'였어요. 우리나라 고등학생이 하는 걱정거리하고는 달라도 너무 달라요. 직장을 생각해도, 자기가 정말 하고 싶은 일인지, 이것부터 따지거든요.

우리나라는 벌이의 많고 적음을 첫 번째로 따지고, 또 얼마나 오랫동안 일할 수 있는지, 이것이 직장을 구하는 기준이에요. 자기 소질이나 성격 같은 것은 별로 중요하게 생각하지 않지요. 그래서 너도 나도 공무원 시험을 준비하고, 취업 잘되는 인기 학과를 찾아 줄을 서고요.

학생들이 사회에 나가 어떤 일을 할 것인가, 이런 것을 결정하기란

결코 쉽지 않아요. 선배나 어른들의 조언을 듣고 자신에게 맞는 일을 찾아야 하죠. 그래도 아직 우리나라에선 학생들이 진로를 결정할 때, 부모님 말을 잘 따르는 형편이에요.

덴마크는 어떤지 물었어요.

"한국에서는 부모가 학비를 대 주기 때문에 그런 것 아닐까요? 우리는 나라에서 학비를 대 주기 때문에 그런 부담이 없어요. 학생들이 스스로 앞길을 개척하도록 내버려 둬요. 부모가 아이에게 커서 의사가 되라고 자꾸 말한다면, 덴마크에서 그 부모는 '나쁜 부모'라는 말을 들어도 쌉니다."

뜨끔했어요!

덴마크 학생들의 기준에 따르면, 대한민국 부모들은 거의 다 '나쁜 부모'가 틀림없거든요.

덴마크 학생들은 부모로부터 독립할 때 집 문제를 어떻게 해결하는지 궁금했어요.

"꼭 좋은 집이 있어야 하나요? 정말 중요한 건 좋은 사람들과 친구가 되는 일이죠. 함께 어울려 일하고 즐길 수 있는 사람 말입니다. 내가 아는 30, 40대 아저씨들은 작은 아파트에서 혼자 살지만 아무도 그들을 루저라고 생각하지 않아요."

셰룬의 친구가 한마디 거들었어요.

"덴마크에서 좋은 집, 비싼 차, 예쁜 여자 친구가 꼭 있어야 체면이 선다고 생각하는 사람은 없어요."

이건 덴마크에서 상식이에요. 아니, 덴마크의 문화이고 정신이죠. 이 문화와 전통 속에서 덴마크 고등학생들은 자신의 인생을 자유롭게 설계하고 있어요.

암기 대신 묻고 답하기

덴마크 고등학교 2학년 학생 셋과 이야기를 나누었는데, 마치 우리나라 대학교 4학년 학생과 대화를 하는 듯했어요. 그만큼 덴마크 아이들은 자신의 생각을 조리 있게, 아주 또렷하게 말해요. 말을 빙빙 돌리지도 않고, 짧고 굵게 해요.

'덴마크 학생들은 왜 이렇게 성숙하지?'

'에프터스콜레를 다녔기 때문에?'

물론 그것만은 아닐 거예요. 단지 1년 과정 '인생학교'를 다녔다고 이렇게 말을 잘할 리는 없어요. 그것은 유치원 때부터 받아 온 교육과 방법이 달랐기 때문이죠.

덴마크 아이들은 유치원 때부터 스스로 답을 찾는 훈련을 해요. 또 우리나라로 치면 중학교 2학년까지는 점수와 등수를 매기는 시험을 보지 않고요. 그들은 어렸을 때부터 어떤 문제든 답은 오로지 하나라고 배우지 않아요. 문제를 정확히 이해하고 답을 찾아내는 과정이 중요하죠. 고등학교 시험 문제도 우리와 완전히 달라요. 달달 외워

서 풀 수 있는 문제는 단 한 문제도 없거든요. 고등학교 시험은 거의 다 묻고 답하기예요.

"한 학생이 25분간 묻고 답하기 시험을 봅니다. 다른 학교 선생님이 와서 채점을 하죠. 우리 과목 선생님은 옆에서 지켜만 보고요."

게다가 시험 문제도 학생마다 다 달라요.

"시험 문제는 한 주제를 자세하게 말하기인데 자기가 풀 문제를 제비뽑기로 정해요. 우리 반이 스물여덟 명인데, 선생님이 상자 안에 질문지 스물여덟 개를 넣고 한 사람씩 나와 뽑는 거죠. 물론 시험은 학기 중에 배운 것에서 내요. 그리고 나서, 24시간을 주고 시험 준비를 할 수 있게 하죠."

묻고 답하기 시험은 한 사람당 25분이에요. 그 가운데 10분간은 주제 발표를 하죠. 그리고 나머지 15분은 다른 학교 선생님이 묻고 학생은 대답을 해요. 이때 선생님은 학생이 그 주제를 정말 자기 것으로 소화했는지 살펴요. 또 아주 기발한 생각인지도 보고요.

"달달 외우기만 해서는 안 돼요. 문제를 완전히 자기 것으로 해야 좋은 점수를 받을 수 있죠."

나는 이 말을 듣고서야 덴마크 고등학생들이 왜 그리 똑똑한지 알 수 있었어요. 셰룬과 그의 친구들은 대화 내내 자기 의견을 조리 있게 말했어요.

그들은 어머니 아버지, 할아버지 할머니가 이루어 놓은 덴마크 사회에 은근슬쩍 발을 들여놓으려 하지 않았어요. 여기저기 직접 발을 디뎌 보고, 어떤 인생을 살 것인지 따졌지요. 행복이 스스로 즐길 수 있는 일을 찾는 것이라면, 셰룬은 지금 행복으로 가는 열차를 타고 있는 거죠.

토마스 외스테를린 코크는 로스킬레 대학교 3학년 학생이에요. 우리나라 같으면 등록금 걱정하랴, 학점 걱정하랴, 취업 걱정하랴, 입 안이 바짝바짝 마르고 속이 타들어 갈 학년이죠. 하지만 토마스 외스테를린 코크(Thomasøsterlin Koch)는 그런 고민을 전혀 하지 않아요.

그에게 한국 대학생들이 안고 있는 고통과 고민과 절망을 들려줬어요. 그는 담배를 한 대 피워 물며 말했어요.

"덴마크에서는 모든 학교 등록금이 무료예요. 대학도 마찬가지죠. 대학 다니는 동안 정부에서 생활비까지 대 주니까 특별히 아르바이트도 하지 않고요. 집에서 나와 따로 사는 대학생은 달마다 약 6000크로네(120만 원)씩 나오거든요. 부모님과 함께 사는 학생에게도 3000크로네쯤 나오고요."

우리나라 대학 등록금은 세계에서 미국 다음으로 비싸요. 2014년 4년제 대학 평균 등록금은 555만 원쯤 돼요. 그런데 등록금은 자연계열과 인문사회 계열이 달라요. 의대나 약대 같은 자연 계열은 한 학기(1월부터 6월까지) 등록금이 1000만 원을 훌쩍 넘어요. 집에서 등록금을 감당하기 힘들죠. 그래서 우리나라 대학생들은 은행에서 돈을 꿔 등록금을 내고 있어요. 열에 일곱은 알고 보면 빚쟁이죠. 학교를 졸업해 취직을 해도 몇 해 동안은 은행에서 빌린 돈을 갚아야 하고요.

그런데 덴마크는 등록금이 아예 없고, 대학생들에게 생활비까지 줘요. 마치 부모처럼요! 프랑스, 독일 같은 서유럽 나라도 등록금이 없거나 낮기는 하지만, 생활비까지 주지는 않아요. 덴마크는 이 모든 걸 해내고 있어요. 학생 복지의 최첨단을 달리고 있는 거지요.

'왜 이렇게까지 할까?'

대학 교육을 자본주의 시장 질서에 맡겨 두지 않고 시민이 누려야 할 기본 권리로 보기 때문이에요. 덴마크에 태어난 국민은 그 누구라도, 돈 걱정 없이 대학 교육을 받을 수 있는 권리가 있고, 그것을 누려야 한다는 거지요. 이와 달리 우리나라 정부는 대학 교육 받을 권리를 시민의 권리로 보지 않아요. 그저 집안 형편에 맞춰서 알아서 누려라, 하는 거죠. 알고 보면 이것은 정부가 져야 할 책임을 은근슬쩍 우리 부모님에게 떠넘기고 있는 꼴이에요.

덴마크의 무상 교육비는 국민이 내는 세금으로 대고 있어요. 많게는 월급에서 절반이 넘는 돈을 세금으로 내기 때문에 등록금뿐만 아니라 용돈까지 정부가 챙겨 줄 수 있는 거지요.

덴마크 사람들에게 물었어요.

"힘들게 벌었는데, 그렇게 많이 세금으로 내면 억울하지 않나요?"

"억울하다니요! 저는 하나도 불만이 없습니다. 내가 대학 다닐 때 돈 한 푼 내지 않고, 생활비까지 받고 다녔어요. 내가 그런 혜택을 받았으니 우리 후배들도 그 혜택을 받아야 하지 않겠어요?"

물론 그들도 월급에서 절반을 뚝 떼어 가면 아쉽기는 할 거예요. 하지만 이렇게 세금을 내니 자신도 젊었을 때 무상 교육을 받을 수 있었고, 자기 자식도 그 혜택을 누릴 수 있다는 것을 잘 알고 있지요.

돈 걱정 없이 하는 공부

미국도 젊은이들이 대학 시절 비싼 등록금을 내느라 은행에서 빌린 돈 때문에 취직을 해도 빚쟁이로 사회 생활을 시작해요. 미국 대학생 1인당 약 2만 5000달러(2500만 원)를 빚지고 있다고 하죠. 우리나라도 160만 명이 은행에서 돈을 빌렸고, 1인당 625만 원쯤 돼요.(2013년 기준) 물론 통계에 잡히지 않은 빚이 더 많을 거예요.

우리나라는 헌법 31조 1항에 '모든 국민은 능력에 따라 균등하게 교육을 받을 권리를 가진다'고 나와 있지만, 비싼 등록금 때문에 이 권리를 누릴 수 없어요. 아무리 능력이 뛰어나도 집안 형편이 어려우면 대학을 포기해야 하죠. 또 어떻게 해서 등록금을 마련하다 해도 생활비가 없어 아르바이트까지 뛰어야 하고요.

코크는 온몸에서 여유가 풍겨요. 또 특별히 취업 걱정을 하지도 않고요.

"졸업하고 바로 직장을 찾으면 좋겠지만 빨리 해야겠다는 부담은 없어요. 직장을 찾을 때까지 2년간은 정부에서 실업보조금을 주니까요. 내가 좋아하는 일자리를 찾을 수 있느냐 없느냐, 이게 가장 중요하죠."

코크는 대학 교수가 되어 볼까, 하는 생각도 있어요. 하지만 조급하거나 서두르고 싶지는 않아요. 아주 느긋해요.

그에게 물었어요.

"정말 걱정거리가 없어요?"

"담배를 피우니까 혹시 건강이 나빠지지 않을까, 이게 걱정이죠. 그리고 날씨가 안 좋은 거. 한국에서 왔으니 잘 알겠지만, 덴마크 날씨는 정말 안 좋잖아요!"

서열 없는 대학

코크의 여유와 안정은 어디서 오는 것일까?

물론 취업 부담이 없고 대학 등록금과 생활비까지 정부에서 대 주니, 마음이 다급하지 않을 거예요. 하지만 꼭 그것만은 아닐 듯싶어요. 덴마크 대학생들의 여유와 안정은 고등학교 때부터 시작돼요. 코크를 인터뷰하면서 자꾸 고등학생 셰룬이 떠올랐어요. 셰룬도 아주 느긋했거든요.

덴마크 고등학생들은 어느 대학을 가든, 전문학교를 선택하든, 아무도 탓하지 않아요. 루저로 보지도 않고요.

로스킬레 대학 벤트 그레베 교수는 그 까닭을 이렇게 설명했어요.

"덴마크에서는 대학 간에 서열이 없습니다. 명문대와 비명문대의 구분이 없죠. 거의 국립대학인데, 대학별로 유명한 학과가 있어요.

우리 로스킬레 대학은 인문학과 사회학이 앞서 있고, 코펜하겐 대학은 자연과학과 법학이 강합니다. 이렇게 국립대학별로 특징이 있고, 대학은 자기의 강점이 분명하기 때문에 서열이 필요 없어요."

　대학 간에 서열이 없으니 덴마크 고등학생들은 대학이 아니라 자신이 공부하고 싶은 과를 중심으로 대학 진학을 준비하고 결정해요. 남보다 뒤처질까 전전긍긍하지도 않고 소신 있게 대학을 선택하죠. 또 정부가 등록금을 대 주니 등록금 걱정을 할 필요도 없어요. 덴마크 사람들에게는 대학보다 더 중요한 것이 있거든요.

　"나는 무엇을 좋아하고, 어떤 일을 하고 싶은가?"

　무엇보다도 이것이 가장 중요하죠.

13. 깨어 있는 시민

어떤 인생을 살고 싶나요?

니콜라이 프레드릭 세브린 그룬트비
Nicolai Frederik Severin Grundtvig
1783 - 1872

니콜라이 그룬트비, 사실 그를 모르면 덴마크의 오늘을 제대로 알 수 없어요. 덴마크 학교는 공립이든 사립이든 자유학교든 모두 '행복한 인생'이 뭔지 스스로 찾아가는 공부를 해요. 덴마크 학교를 찾아갔을 때, 거의 모든 교장 선생님들이 그룬트비의 교육 철학을 들려주었어요. 어떻게 보면 지금의 덴마크는 그가 그려 놓은 설계도에 따라 지은 집이라 할 수 있죠.

그룬트비가 어떤 사람이라고 한마디로 말하기는 힘들어요. 그는 목회자, 교육자, 정치가, 역사가였으며 시인, 찬송가 작곡가, 작가이기도 했어요. 또 뛰어난 언어학자이기도 하고요. 그런데 나는 그 무엇보다도 그를 '깨어 있는 시민'을 만들어 낸 사람으로 보고 싶어요.

그룬트비는 한평생 시민 교육과 계몽에 앞장섰어요. 그는 덴마크의 앞날이 깨어 있는 시민의 손에 달려 있다고 봤지요. 앞에서 말했듯이, 덴마크는 1814년 왕정 시대에 정부가 초등학교 의무 교육을 시작했어요. 하지만 그룬트비는 정부가 낸 국정 교과서 하나로 아이들을 가르치는 것을 못마땅하게 생각했지요.

그는 교과서 대신 '살아 있는 말'을 중요하게 여겼어요. 교과서에 있는 말을 '죽어 있는 말', '힘없는 말'로 본 거지요. 오직 교과서 하나로만 배우면, 언제나 답도 한 가지일 수밖에 없어요. 하지만 이 세상 어떤 문제도 그렇게 단순하지 않아요. 교과서 밖에서도 얼마든지 그 해답을 찾을 수 있으니까요.

그룬트비는 국정 교과서를 완전히 부정했다기보다는 교과서 하나로만 가르치는 근대 교육이 싫었어요. 또 교과서에서 답을 찾아 달달 외워 시험을 보는 것도 하지 않았고요. 교과서 내용보다는, 교과서 말보다는, 교과서 밖에서 해답을 찾고, 그것을 조리 있게 말하는 것을 중요하게 여겼어요. 지금 덴마크 학교에서 보는 '묻고 답하기' 시험은 바로 이런 그룬트비의 정신을 이어받았다고 보면 돼요.

그룬트비는 국정 교과서 하나로 나라에서 바라는 것만 가르쳐서는 안 된다고 생각했어요. 또 지식을 마냥 가르치기만 해서도 안 된다고 봤고요. 지식이든 어떤 문제에 대한 해답이든 가르치고 '심어 주는' 것이 아니라 학생들이 스스로 공부하고 찾아내는 것이 중요하다는 거지요. 그래야 학교를 마치고 사회에 나갔을 때, 자신의 운명을 스스로 개척해 가는 '깨어 있는 시민'이 될 수 있다고 본 거예요.

그는, 학교는 국가가 중심이 되어 운영하는 것이 아니라 시민이 힘을 합쳐 운영하는 '시민 학교'가 되어야 한다고 주장했어요. 이런 그룬트비의 교육 철학에 따라 공교육과 다른 자유학교가 문을 열었어요. 자유학교는 국가를 위한 학교가 아니고, 시민의 삶을 가꾸는 학교였지요. 그룬트비는 진정한 민주주의와 건강한 사회는, 시민이 깨어 있어야 하며, 이 깨어 있는 시민이 사회의 모든 일에 함께했을 때 가능하다고 봤어요. 그래서 학생 자유학교와 성인 자유학교를 따로따로 열었고요.

그룬트비 정신을 더 자세히 알고 싶어 뢰딩(Rødding)으로 달렸어요. 작은 도시 뢰딩은 유틀란트 남동부에 있어요. 지금으로부터 170년 전, 그러니까 1844년, 이곳 뢰딩에 그룬트비의 교육 철학에 따라 덴마크에서 성인 자유학교가 처음 문을 열었어요.

살아 있는 그룬트비 정신

학교에 다다르자 학교 이름이 눈에 들어왔어요.

뢰딩 호이스콜레(Rødding Højskole).

그룬트비가 살던 19세기에는 입학생이 거의 농사꾼이어서 '농민학교'라 했지요. 학교 안으로 들어서려는데 길가에 큼지막한 기념비가 서 있어요. 돌에는 '뢰딩 사람들 89퍼센트가 덴마크를 원했다'고 새겨져 있고요.

당시 독일과 국경 분쟁 때 뢰딩은 주민투표로 덴마크를 선택했어요. 이 기념비를 보면서, 그룬트비가 왜 이곳 뢰딩에 성인 자유학교를 맨 처음 세웠는지 알 수 있었어요. 그는 자유주의자, 민주주의자였으면서도 덴마크다운 것을 강조한 민족주의자였어요. 그는 강대국 독일에 저항하는 상징으로 이곳 뢰딩에 시민학교를 세운 거지요.

학교에 들어서자 교장 마스 뤼킨에릭센(Mads Rykind-Eriksen)이 잔디밭을 가로질러 마중을 나왔어요. 마침 저녁을 먹고 있었고요. 20대 초반 남녀 학생 80여 명이 교사들과 함께 왁자지껄 저녁을 먹고 있었죠. 덴마크 성인들은 대체로 무뚝뚝한 편인데, 이들은 밝고 활달해 보였어요.

"거의 다 고등학교를 졸업한 학생들입니다. 대학이나 사회에 나가기 전에 다시 한 번 어떤 인생을 살 것인지 정하기 위해 우리 학교에 온 거죠. 학생들은 이곳에서 6개월간 기숙사 생활을 합니다"

스물한 살 한 남학생은 집이 기차로 한 시간 거리인데, 앞으로 어떤 삶을 살아야 할지 몰라 그 해답을 찾으려고 이 학교에 왔어요. 나이가 비슷한 또래 한 남학생은 정치인이 되고 싶어 준비를 하려고 왔고요. 그는 "지금의 덴마크도 좋지만 더 좋은 나라로 가꾸고 싶다"고 했어요.

이 학교는 정치, 언론, 음악, 디자인, 공연, 이렇게 다섯 학과에서 스물다섯 가지 수업을 해요. 수업은 있지만 시험이나 등수는 없어요. 그룬트비 정신을 따르고 있기 때문이에요.

그룬트비는 공책에 정리하고 달달달 외워 시험을 치고, 점수를 매기는 것을 좋은 교육으로 보지 않았어요. 그에게 좋은 교육이란, 학생들의 호기심을 불러일으키고 자극하고 도전하게 하는 정신이에요. 이러한 그룬트비의 신념에 따라, 이 학교는 처음 문을 열 때부터 열린 마음으로 토론하는 것을 아주 중요하게 여겼어요. 그들은 선입관과 고정관념에 도전했어요. 학교를 마치고도 더 배우고 싶은 생각이 들게 하는 것이 목표였고요. 그래서 이 학교는 수료증도 없고 졸업장도 없어요. '스스로 인생 공부를 더 하고 싶게 하는 것', 바로 이것이 졸업장인 셈이죠.

뤼킨에릭센이 그 까닭을 이렇게 설명했어요.

"밥벌이 기술을 익히는 것보다 어떤 인생을 살 것인가, 이 물음에 답하는 것이 더 중요합니다. 나와 우리가 누구인가를 역사와 문화 속에서 알아내는 거죠. 그리고 이것은 몇 년 교육을 받는다고 뚝딱 얻어지는 것이 아닙니다. 스스로 찾아내고, 온전히 자기 것으로 해야 합니다. 어떻게 보면 우리 인생은 졸업장이 없는 셈이죠."

170년 전에 뿌린 씨앗

지식보다 '어떤 인생을 살 것인가'가 중요하기 때문에 학생들끼리의 자치 활동이 아주 중요해요. 일주일에 한 번씩 전교생 모임과 기숙사 단위 모임이 있고, 청소 당번과 식사 당번을 어떻게 정할지 의논하죠.

금요일 저녁이었어요. 학생들이 밥을 먹고 강당에 모여 조별 게임을 즐기고 있었어요. 탁자마다 맥주병이 놓여 있고, 웃음소리가 끊이지 않았죠. 마치 우리나라 대학생들의 엠티 같았어요.

"학교에서 술을 마시네요?"

"금요일과 토요일에는 마실 수 있습니다. 하루에 맥주 몇 병까지 마실 수 있는가는 학생들끼리 의논해서 정하죠."

자유학교는 공교육 기관이 아니라서 완전히 공짜는 아니에요. 정부와 학생이 학비를 반반씩 내는데 학생들은 4만 크로네를 내요. 우리나라 돈으로 약 750만원쯤 되죠. 그런데 거의 다 이 돈을 스스로 벌어서 마련해요.

학생 여섯이 탁자에 둘러앉아 있었어요. 다가가 부모가 학비를 내준 사람이 있냐고 물었죠. 모두 다 고개를 저었어요. 열아홉 살 여학생 마리아는 산업디자인을 공부하고 있는데, 4만 크로네를 벌려고 몇 달간 식당에서 하루 여덟 시간씩 아르바이트를 했어요. 마리아는 학교에 들어온 지 3주밖에 되지 않았는데 벌써 한 식구처럼 친해졌다며 즐거워했지요.

고등학교 졸업생들이 주로 선택하는 성인 자유학교는 또 하나의 에프터스콜레인 셈이에요. 앞에서 소개한 이드렛스 에프터스콜레와 같아요. 덴마크 학생들은 중학교를 졸업하고 고등학교에 들어가기 전에 1년간 기숙사 생활을 하면서 인생을 어떻게 살아갈지 계획을 짠다고 했잖아요. 그러니까, 고등학교 입학 전 1년, 대학교 입학 전 6개월을 기숙학교에서 보내며, '내가 진정 하고 싶은 일이 뭔지, 내가 잘할 수 있는 일이 뭔지' 고민하고 그 길을 찾는 거지요. 또 한 직장에 오래 다니다가 다른 일을 하고 싶을 때도 평생교육 기관을 찾아가 다시 한 번 자신의 삶을 고민하고요.

덴마크인들은 살면서 다른 일을 시작하려고 할 때 반드시 인생학교에 가요. 이게 하나의 문화가 되어 있어요. 언제든 멈춰 서서 자신이 지금 어디로 가고 있는지 되살피고 따져 보는 거지요. '인생 다지기'인 셈이에요. 어떤 선택을 하기 전에 여유를 두고 천천히 다시 생각해 보는 거지요.

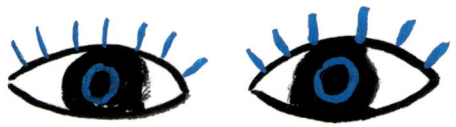

나는 지금 어디로 가고 있지?
이 길이 진정 내가 가고 싶은 길일까?
아니야, 다른 길이 분명 있을 거야!

덴마크인들은 이렇게 자꾸 자신에게 물어요. 그리고 결정은 언제나 그렇듯, 자기 자신이 해요. 이런 태도는 초중등학생 때부터 몸에 배어 있어요. 바이올린을 배워도, 외국어를 배워도, 이것이 진정 내가 바라는 공부인지 되짚어 본다는 거지요.

선택은 늘 그렇듯 언제나 자신이 해요. 하지만 그 선택은 나 혼자 잘살겠다는 선택이 아니에요. 덴마크 학생들은 자신의 인생 계획표를 짤 때, 옆 친구와 더불어 함께 살 수 있는 계획표를 짜요. 170년 전 그룬트비가 뿌린 교육 철학은 오늘날 덴마크인들의 정신이 되었어요. 이 정신은 고리타분한 전통이 아니라 덴마크인들이 언제까지나 간직해야 할 얼이 된 거지요.

14. 그럼요, 행복할 수 있어요!

유엔(UN)은 2012년부터 세계 행복 보고서를 내고 있어요. 156개국을 조사한 보고서죠. 조사 대상 나라 국민 1000명에게 네 가지 주제로 물어요. 아래에 한번 들어 볼게요.

당신이 곤란한 처지가 되었을 때 부탁할 '사람'이 곁에 있는가?
자신의 인생을 선택할 수 있는가?
시민단체에 기부를 하고 있는가?
당신 나라의 정부와 기업의 부패는 어느 정도라고 생각하는가?

여기에 조사 대상 나라의 1인당 국민소득과 기대 수명을 더해 점수를 내지요. 유엔의 행복지수 조사에서 덴마크는 2012년과 2013년 잇따라 1위를 했어요. 이 조사뿐만 아니라 덴마크는 다른 여러 기관에서 조사한 행복지수에서도 1위를 하거나 최상위 순위를 달렸지요.

나는 덴마크에서 여러 사람을 만났어요. 택시기사, 식당 종업원, 주부, 고등학생, 대학생, 교사, 교수, 공무원, 언론인, 목사, 의사, 변호사, 국회의원처럼 저마다 자기 자리에서 열심히 사는 사람들이었지요. 그들을 만나 얘기를 나눌 때마다 물었어요.

"요즘 걱정거리가 있다면 뭐가 있는지요?"

놀랍게도 그들은 딱히 걱정거리가 없다고 했어요.

그들은 마치 아주 어려운 수학 문제를 놓고 끙끙거리는 학생처럼

'뭐가 있을까? 도대체 나한테 걱정거리가 뭐가 있지?' 하면서 한참 동안 머뭇거렸어요. 그러고는 결국, 이렇게 대답했어요.

"없어요. 아무리 생각해 봐도……, 없어요!"

걱정거리가 너무 많은 대한민국. 나는 도무지 이해할 수 없었어요. 우리나라 사람들에게 걱정거리가 뭐냐고 물으면, 모르긴 몰라도 술술 나올 거예요. 학생은 학생대로, 부모는 부모대로, 노인은 노인대로 걱정거리가 넘쳐나지요. 그런데 덴마크 사람들은 걱정거리가 딱히 없다고 하는 거예요. 그래서 이번에는 이렇게 물었어요.

"당신은 지금 행복합니까?"

이번에는 달랐어요. 한순간도 머뭇거리지 않았어요.

"그럼요. 행복하고 말고요!"

나는 덴마크에서 직업이 다르고 나이가 다른 여러 사람들을 만났어요. 그런데 한결같이 모두 행복하다고 대답했어요. 한둘이라도 행복하지 않다거나, 잘 모르겠다고 하는 사람은 없었어요.

코펜하겐에 살고 있는 미국인, 아시아인, 한국인을 만났을 때도 마찬가지였어요.

"이곳에 함께 살아 보니, 정말 덴마크 사회가 행복한 사회인 것 같나요?"

"맞아요! 정말 행복한 사회입니다. 참 부럽습니다."

덴마크 사람들이 세상에서 가장 행복한 사회를 가꿀 수 있었던 까

닭을 이 책에 낱낱이 정리했어요. 어때요, 우리 친구들도 덴마크 사람들이 왜 행복한지 알 수 있었지요?

　이 책을 읽으면서 우리 친구들은 많은 생각을 했을 거예요. 우리나라도 덴마크처럼 행복한 나라가 되려면 무엇부터 해 나가야 할까요? 아마 저마다 다 다른 것을 말할 거예요. 모두 다 중요하고 다급한 일이죠. 하지만 행복한 대한민국은 서두른다고 해서 오지 않아요. 하나하나, 차근차근 해 나가야 하죠. 그리고 그 해답은 멀리 있지 않아요. 우리 가까이에 있어요. 우리는 그것을 찾아내고 바꾸어 나가야 해요. 우리나라에서도 몇몇 학교와 선생님, 그리고 학생들이 행복한 학교를 꾸려 나가기 위해 오래 전부터 애쓰고 있어요.

　자, 이제 우리 어른들과 친구들이 이런 작은 움직임을 모아 행복한 학교, 행복한 사회, 행복한 나라, 대한민국으로 함께 나아가 보아요.

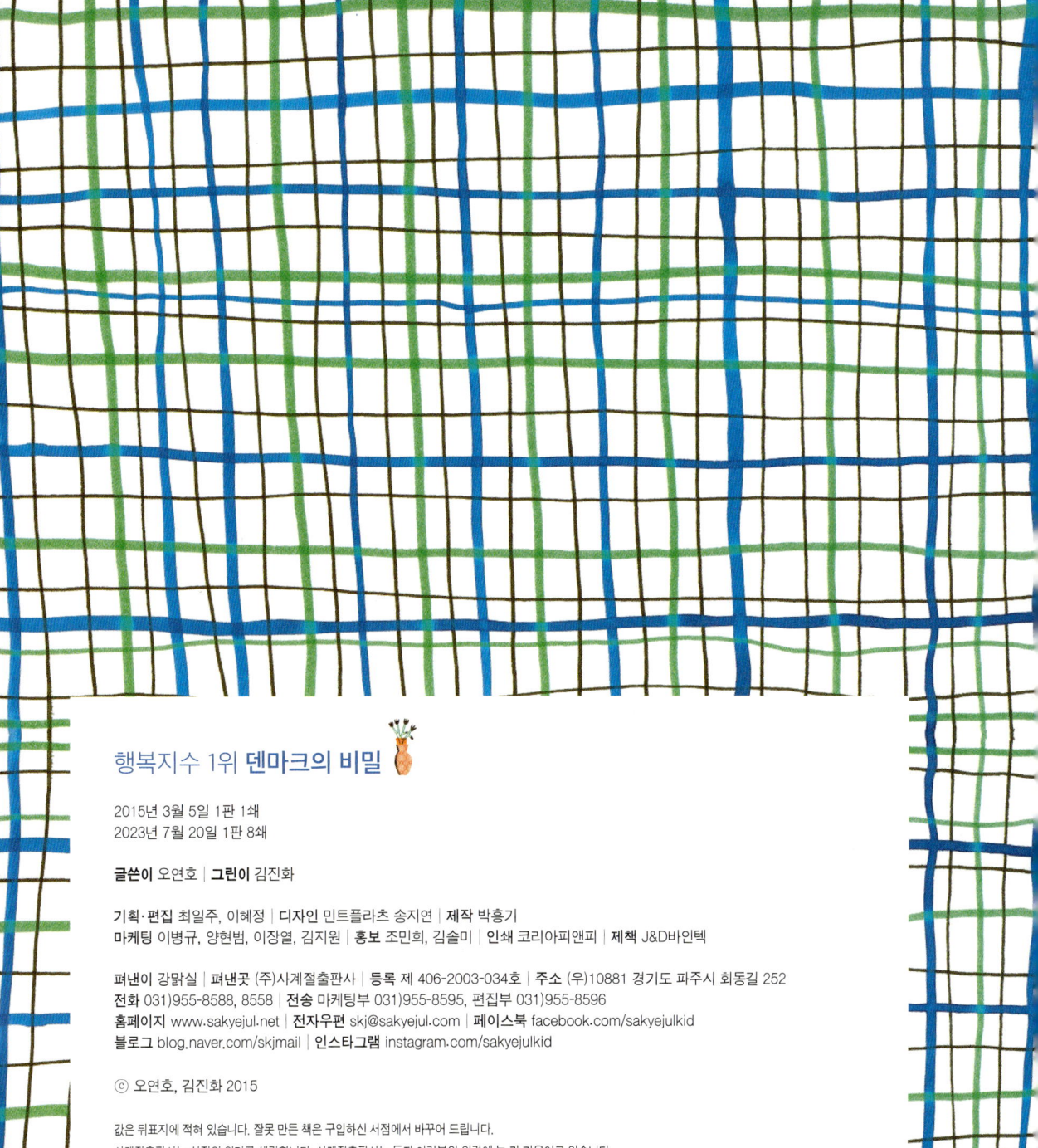

행복지수 1위 덴마크의 비밀

2015년 3월 5일 1판 1쇄
2023년 7월 20일 1판 8쇄

글쓴이 오연호 | **그린이** 김진화

기획·편집 최일주, 이혜정 | **디자인** 민트플라츠 송지연 | **제작** 박흥기
마케팅 이병규, 양현범, 이장열, 김지원 | **홍보** 조민희, 김솔미 | **인쇄** 코리아피앤피 | **제책** J&D바인텍

펴낸이 강맑실 | **펴낸곳** (주)사계절출판사 | **등록** 제 406-2003-034호 | **주소** (우)10881 경기도 파주시 회동길 252
전화 031)955-8588, 8558 | **전송** 마케팅부 031)955-8595, 편집부 031)955-8596
홈페이지 www.sakyejul.net | **전자우편** skj@sakyejul.com | **페이스북** facebook.com/sakyejulkid
블로그 blog.naver.com/skjmail | **인스타그램** instagram.com/sakyejulkid

ⓒ 오연호, 김진화 2015

값은 뒤표지에 적혀 있습니다. 잘못 만든 책은 구입하신 서점에서 바꾸어 드립니다.
사계절출판사는 성장의 의미를 생각합니다. 사계절출판사는 독자 여러분의 의견에 늘 귀 기울이고 있습니다.
이 책은 저작권법에 따라 보호받는 저작물이므로 무단전재와 무단복제를 금합니다.

사진 ⓒ 오마이뉴스, 강일초등학교 김동균 교사

978-89-5828-818-3 73300
978-89-5828-770-4 (세트)